Oscar
Wilde
à Paris

Herbert Lottman

王尔德在巴黎

(美) 赫伯特·洛特曼 著 谢迎芳 译

作家出版社

王尔德在巴黎（代序）

  对于奥斯卡·王尔德1874年7月首访巴黎的详情细节，并无搜寻的必要。这就像是每个家世良好的即将步入弱冠之年的青年人的长期冒险旅行的开始，时值为上大学而离别家庭的前夜，挚爱子女的母亲对其引领陪伴、呵护有加。碰巧，奥斯卡是个都柏林男孩，所上大学也要是声名卓著的，那就应该是英国牛津大学，这年秋天，由于同样声名卓著的奖学金制度，他将进入牛津。

  奥斯卡的母亲身高几近6英尺，仪容堂堂，且总是穿着惹眼；她是个语言奇才，也是一位爱尔兰独立运动者。受洗名字为简，但她却称自己为埃斯佩兰扎（西班牙语的"希望"之意，尽管其家族有意大利祖先）。她的丈夫，即奥斯卡的父亲，是个身手不凡的医生，一位耳外科的先驱，在当年可是个著名人物。奥斯卡10岁那年，这位医生被授以爵位，于是，这男孩的父母就成了威廉姆爵士和简·王尔德夫人。但是，威廉姆爵士也是个有名的偷香窃玉者，至少从前是个声名狼藉的勾引者，当年一位年轻的女患者就指控他对她催眠，以便对她恣意妄为……

就自己的特点而言，奥斯卡·王尔德已经是个独特的人了：人长得过于高大，身高达6英尺，形貌举止显得笨拙。"他的头发太长，有时候理成中分式，有时候又梳成了一边倒式。"一位同时代人回忆起这位新来的大学生，"他的脸如'月亮般'苍白，双目抑郁，两片嘴唇厚厚的；他老是傻笑的模样，发出的总是有强迫力的笑声。他走起路来左右摇摆，吃饭时奄拉出舌头。我从没见他奔跑过……"这是一个不大有同情心的朋友所描述的形象。但是，别人的坦率对一个传记作家而言，却是可资采用的素材。

事实上，这个带点痴呆状的人打算从基础稳固的文学教育中获益。在牛津大学的岁月里，奥斯卡自会受到19世纪英国文学艺术大家的一些见解和箴言的影响——其中，约翰·鲁斯金是要提及的一位，沃尔特·佩特则为另一位。就特长而言，奥斯卡·王尔德会发展成一个才气焕发的雄辩家，表达自己的思想成了他的职业。他本人把唯美主义演绎到了极致。当年读大学时，为保持自己房间里的鲜花不败，他搞来了几个雅致的花瓶，他对此的评说即刻为他在牛津博得了善辩的名声。他说："我发现，每天都遵照我的蓝色瓷器的格调生活是难而又难了。"（译注：牛津大学运动选手的帽子、围巾等均为深蓝色）这就是他的评说方式：言语有余味，令人记得住。

目　录

第一章　只等闲的海峡 ………………………………… 1

第二章　巴黎蜜月 ……………………………………… 10

第三章　旅行之间 ……………………………………… 16

第四章　笔记本 ………………………………………… 22

第五章　莎乐美 ………………………………………… 27

第六章　普鲁斯特，路易斯，纪德和其他一些人 ……… 37

第七章　若即若离舞台 ………………………………… 48

第八章　喜剧和戏剧 …………………………………… 63

第九章　一段阿尔及利亚插曲 ………………………… 69

第十章　走得尽可能远 ………………………………… 77

第十一章　从法国所看到的情况 ……………………… 86

第十二章　真正的审判 ………………………………… 95

第十三章　分裂的法国人 ……………………………… 102

第十四章　为保卫王尔德而战 ………………………… 109

第十五章　航向自由 …………………………………… 118

第十六章　诺曼底乐园 ………………………………… 126

第十七章　夏季结束 ················ 135

第十八章　意大利插曲 ················ 142

第十九章　美术街 ················ 145

第二十章　哈瑞斯听到了什么 ··········· 155

第二十一章　五英镑支票 ·············· 164

第二十二章　冬天转向冬天 ············· 176

第二十三章　孤身卧床 ··············· 187

第二十四章　严酷的辞别 ·············· 197

第二十五章　淫荡的纪念碑 ············· 204

后记　"女奥斯卡" ················· 209

第一章 只等闲的海峡

今天，往来于英法之间，可选择乘飞机，或者乘车经由海底隧道穿越海峡。今天的旅行者可能想知道，在只有地面与水面运输的年代，他们是如何行事的。的确，"他们"似乎有充裕的旅行时间。对英格兰人、爱尔兰人和苏格兰人而言，乘火车去海峡岸边，再乘渡轮过海，只是等闲之事。如同今天一样，在奥斯卡·王尔德的年代，火车和渡轮都有时刻表，也有费用合适的路线（依时间和距离而定的）可供选择。

承蒙法国国家铁路运营公司档案保管员帮助，我们能够查阅到奥斯卡·王尔德当年来往于英法所乘车船的那种时刻表。我们立刻就看出，为什么当年的中学生、从业不久的年轻人及年轻的新婚夫妇可能经由纽黑文和狄普去法国（从维多利亚或伦敦桥站离开伦敦在圣拉萨尔站抵达巴黎）。在1880年，这条路线的单程票价，头等舱为41.25法郎，二等舱为30法郎。但是，这趟旅行要花上 14 个多小时，且几近一半的时间要在渡轮上度过。

经由多佛和加莱的快捷服务新路线，其价格可能如同我们今天的"特快"，将伦敦与巴黎拉得相当近，自北向南仅 9 小时 55 分钟，而自南向北只要 9 小时 30 分钟，且只有 1 小时 45 分钟待在海上。这一服务的豪华路线，其头等舱单程需 75 法郎，二等舱需 56.25 法郎。还有更快捷的路线，旅行时间降至 9 小时 15 分钟，经由福克斯顿和布洛涅，过海峡用不了 2 小时，而票价也略低：单程分别为 70 法郎和 52.50 法郎。须知，还可乘降价的夜航（夜间服务）渡海，其路线有多佛尔——加莱和福克斯顿——布洛涅。[①]

因此，在追寻王尔德的足迹时，对于王尔德对自己到法国的路线和交通工具所说（所写）甚少，我们就不应感到奇怪了。这些情况是太显而易见了，而由欧洲大陆返回的情况亦然。他在巴黎的举止作为才是重要的。例如，1875 年，在他由其母陪同首访巴黎之后才一年，他又回到欧洲大陆，去游览意大利并参观其艺术瑰宝，同行的有都柏林三一学院他的一位教授和一位年轻的爱尔兰同班同学；这次游览止于巴黎，他期待其母寄来 5 英镑，以凑钱作渡过海峡的费用。两年之后，他渡过海峡，巴黎是游览意大利、希腊的第一步。1880 年，一位有闲阶级的年轻绅士带他去卢瓦尔河流域及其葡萄园游览，那是他作为大学生（至少表面上看来）的最后一次旅行，尔后，他去巴黎是

---

① 铁路时刻表及详情可由驻勒芒的法国国家铁路运营公司档案中心获取，就此致谢。

为寻找某种乐趣。

现在，他认真工作了。他立刻从几个方面着手，自报家门为笔译人员，寻求加入协会，向报界投寄简短的评论文章，写诗并投稿发表。到1880年，他已完成一个描写虚无主义者的剧本，其背景为沙俄时代。该剧从未在伦敦上演过。然而，他却出人意料地成名了。如果不说是一位名家，也堪称一位名人；他的唯美主义者漫画像也见诸报刊，算不上"一位"唯美主义者，也说得上是"某个"唯美主义者了。他的个性是他最重要的介绍信。有人引述他对海关官员的话，来证明这一点。那是1882年元月2日，他开始作长达一年横贯美国的巡回讲演，船入纽约港，行李报关时他对海关官员说："除了我的天才之外，我别无他物要申报。"

在艰苦奋斗一年的旅行讲演之后，王尔德企图向美国听众灌输他的唯美主义艺术理论，以及诸如设计、装修之类较务实的事情，偶尔还干得蛮成功。在圣诞节后返回英国时，他的口袋已经被钞票撑得鼓鼓的。不过，1883年元月，在重新收拾行装前往法国纪念他首访巴黎之前，他几乎没有时间来打开行李。

当然，巴黎要去看，也看过了。然而，在这趟三个月的逗留期间，王尔德给自己派定了写作工作，一如他在延长的国外旅行期间所做的那样。他的第一部戏剧《薇拉》，其副标题为"虚无主义者"，因其政治主题和沙俄背景注定会失败（在纽约只上演了一周，在伦敦根本就没上演）。而进行中的一个剧本，试探性地取名为《帕杜亚公爵夫人》，则是一部严肃的作品。该剧终于登台上演（其新剧名为《贵多·佛兰提》），也只是在纽约短暂上演，根本无法企及伦敦舞台。显然，奥斯卡·王尔德正在走向别的什么东西（这个别的什么东西就是喜剧）。

多亏在美国的巡回讲演，他现在有钱了。在巴黎，他下榻的是《贝德克旅行指南》上最高级的大陆酒店（位于卡斯提莱恩街）。没过多久，他的旅行预算似乎要求节俭，于是，他渡过塞纳河到伏尔泰码头旁的伏尔泰旅馆开房间入住，另一本旅行指南《巴黎钻石》，形容伏尔泰旅馆是"读书人"的至爱。

几天之前，在一帮朋友宴请王尔德的饭局上，王尔德遇见了一个年轻的居住在巴黎的英国小伙子罗伯特·夏拉德，在谈到卢浮宫艺术宝库的话题时，夏拉德敢于承认，他从未去过那个博物馆——"每当有人提到那个名字时，我总是想到卢浮宫是间大仓库，我在那里能买到巴黎最便宜的领带。"给夏拉德的心直口快逗乐了，第二天，王尔德邀请他吃饭。当夏拉德现身于伏尔泰旅馆三楼王尔德的套间时，他说，"这可是近日见到的巴黎最有魅力的景致之一。"——他赞美河对岸塞纳河环绕的卢浮宫的一片景色，情不自禁地评说这一地点的美景。

"唉，"王尔德回应道，"那完全是非物质的东西，除非是客栈老板，他当然会把风景打入账单。上流人士是决不会从窗户里往外看的。"

他的这一说法是一种惊世骇俗的宣言，奥斯卡·王尔德就喜欢向友人、对手脱口而出地发这种议论。这一类评说被人记住，且记录下来了，有几本小书里就满是这类言论。王尔德本人也在其故事和喜剧里使用这些隽言妙语。

夏拉德还不得不注意到，王尔德伏案写作时，好穿白色晨衣，巴尔扎克写作时穿的就是这种像是修道士穿的长袍。王尔德还有一柄象牙手杖，手柄上饰有绿松石，这也令人想起巴尔扎克的派头。显然，他希望追随巴尔扎克的写作习惯。

跟夏拉德相处甚洽，王尔德想要这个年轻人对他直呼其名——奥斯卡，但是，夏拉德的"盎格鲁－撒克逊式的审慎"抗拒着"这种克尔特人的旷达"，要他决心让自己对一个年长者改口而直呼其名，那是要花一段时间的（即使说"年长"也只意味着，奥斯卡·王尔德29岁，夏拉德21岁）。

不管怎么说，这位年长者是邀请方，他要求夏拉德赴晚宴要正式着装，因为他们去吃饭的地方是土伦街上如此优雅的佛约特人家餐厅，在左岸也堪称一家好餐厅，后来，他们走上街头，边走边背诵法国诗人奈瓦尔和波德莱尔的诗句。夏拉德看着王尔德喝下了一杯苦艾酒，但也注意到，他并不吸印度大麻。

在写作奥斯卡·王尔德的言行录时，罗伯特·夏拉德发现，他没有作过笔记或记录，因此，在写到他的新朋友受到老维克多·雨果接待的情况时，他写不出多少东西，其时雨果已81岁，是个行将就木的老人。他能记住的就是这位老诗人，在氤氲气氛里昏昏欲睡，并不是一位活泼的东道主，而奥斯卡·王尔德的洋溢才气也未能令其产生深刻印象。（夏拉德由此得出一个教训："对这位法国人而言，英国人最丰饶的焕发才气，也不过是才智盛宴上的一碟小菜。在巴黎的沙龙里，我还从来没见过一个英国人能脱颖而出、鹤立鸡群。"）

不过，王尔德谈论文学上的事，还是能吸引听众，就是在维克多·雨果家的晚宴上情形也是如此。王尔德谈论当代诗人斯文伯格（旧译：史文朋）时，每个人都聆听着。所谓每个人，只是雨果不在其中，他在壁炉前睡着了。

画家朱塞·佩德以画巴黎的都市景观而著称，夏拉德在陪王尔德去该画家家里时，发现他自己置身于诸如埃德加·德加和卡米尔·皮沙罗这样一群画家之中。在听到新朋友就艺术大师的画法侃侃而谈时，他觉得自己真差劲。在他们出门走上街头时，王尔德说，"我让人家吃惊得很。"

发现新朋友已经认识莎娜·伯瑞哈特，夏拉德真是一惊未消又吃了一惊。约在4年前，她出行伦敦，主演《菲德烈》，其间，王尔德就与她相识，且彼此喜欢上了。王尔德现在带夏拉德一道去城市剧院，那是一家位于嘉布欣林荫道与拉绍塞昂坦路交角处的漂亮小剧院。时年39岁的名伶莎娜正在该剧院出演V. 萨尔杜所著的一个剧本。夏拉德记住了一个他难以忘怀的时刻——王尔德和他在一间小客厅里受到接待，而她的化妆室就与小客厅相连。他形容道，这位女伶人穿着幕间更衣时所着的"一目了然的室内女便装"。于是，她从可分开的幕布之间探出头来，笑盈盈地向王尔德致意。

观察那些等在化妆间的男子（其中有著名作家让·李显宾），夏拉德感觉到了，这些化妆室常客对猝然出现的陌生人王尔德产生了某种程度的怨恨。

此后几天，夏拉德又同王尔德去位于维利尔斯大街的莎娜府上拜访。在路上，王尔德从街头小贩手上买了一束野花，这不足挂齿的礼物，莎娜却表现出由衷的喜悦。在她的工作室里还有另外的客人，戏剧家亚历山大·帕罗蒂，夏拉德知道，此君写过一个悲剧《战败的罗马》，那是莎娜在法兰西歌剧院的首次成功。然而，帕罗蒂却向王尔德表示了敬意，尽管王尔德取得舞台成功的企图已在纽约证明是一场失败。

夏拉德颖悟到，他的朋友在巴黎受到好意接待的一个可能原因是，在抵达巴黎之前，王尔德就给许多文艺界人士寄出了他的诗集，并附上了致意函（这本《诗歌集》是两年前在伦敦自费出版的）。夏拉德自费出版了关于奥斯卡·王尔德的回忆录《奥斯卡·王尔德：不幸友谊的故事》，公布了他最有用的记录，正因为有了夏拉德及所写的回忆录，我们才知道，王尔德与该人地狱永劫不复的诗人保罗·魏尔伦（译注：1844～1996，法国象征派诗人）的第一次，也是仅有的一次会见（此时，该诗人因向其情侣兼朋友、诗人阿尔居尔·兰波开枪而坐了两年牢，又因袭击其寡母再次被投入监牢）。

这不会是文学沙龙的一场私通。王尔德设法将这场会见安排在法兰西第一咖啡馆，魏尔伦爱喝那儿的苦艾酒。但是，正如王尔德描述他们的相见所说，魏尔伦有一副登徒子的面孔。他告诉夏拉德，"这副面孔太可怕了。"在魏尔伦这方面，他对这个外来客的超级品牌的香烟比对他的谈话更感兴趣；王尔德的焕发才智对魏尔伦并无效用，王尔德对他的作品热情赞扬，魏尔伦似乎也不大在意。夏拉德借用王尔德的话说，魏尔伦"眨巴着的小眼睛一会儿倪视着空酒杯，一会儿又斜视银质香烟盒"。在王尔德这方面，他恶心得简直作呕，且毫不隐瞒对魏尔伦身体缺陷的厌恶。

说到咖啡馆生活，夏拉德是其新师父的志愿追随者。他们会常常去大街咖啡馆，一家位于蒙帕纳斯火车站旁边的著名咖啡馆，是作家、艺术家会面的去处。一天，美国艺术家约翰·辛格·萨金特（其职业生涯的早期是位肖像画家）在一本搜集纪念字画的空白簿子上，给王尔德、夏拉德、保罗·布尔奈画速写像，这种簿子是咖啡馆老板为此而专门设置的。多年后，夏拉德想再看看速写像时才发现，业主卖掉了这家咖啡馆，也带走了这本簿子。

　　他们也去奥赛咖啡馆，此处离王尔德下榻的伏尔泰旅馆很近。他们也在这儿会见布尔奈，这时的布尔奈一贫如洗，"当王尔德精神焕发、侃侃而谈时，他却显得压抑而沉默。"12年后，当布尔奈穿上了法兰西学院的棕榈饰的礼服时，王尔德却身陷囹圄了。①

　　他们还会有其他的拜访。其中一次就是去肖像画家雅克-爱弥尔·布兰奇的工作室。这位画家已经展出过一幅肖像画，画的是一青年女子在读王尔德的诗集。布兰奇将这幅肖像画以及从画架取下的另外两幅画送给了王尔德。这时的王尔德，法语的说、写能力还算可以，遂给画家写道（事关在这位画家的工作室也是家的地方的一个约会）："我爱拜访您这有孔雀蓝大门的工作室，爱参观嫩绿浅黄的卧室，因为对我来说，它是我在巴黎发现的路易十四时代背景的沙漠里的一片清冽的绿洲。"

　　最后，不可避免要拜访的是埃德蒙德·德·龚古尔，这位

---

① 罗伯特·H. 夏拉德著，《奥斯卡·王尔德：不幸友谊的故事》，纽约，哈斯凯尔出版社，1905年，P15～P17。

龚古尔兄弟（作家）团队的仅存者，其日记使那半个世纪具有如此多的显著特色而不衰。但是，那天晚上却产生了一个误解。王尔德说起了斯文伯格，而龚古尔理解为，来客把这位英国诗人，界定为"一个炫耀恶行的人"，干了什么可能让人家认为他是鸡奸者或畜生的事，而那天晚上王尔德所说的任何东西根本就与鸡奸者或畜生无关。他说的不是这么回事。但是，直到《埃德蒙德·龚古尔日记》那一节引文白纸黑字印出来，他并不知道这个误解。在《埃德蒙德·龚古尔日记》中看到这一节，王尔德迅速行动，以纠正这个错误。王尔德坚持说，这位备受赞美的诗人实际上过的是一种质朴的生活。

当然，日子也不完全在社交场上度过。王尔德在写一个剧本（"我曾写过的最有力的作品"），对自己在巴黎所完成的东西感到很高兴。在返回伦敦时，他写信告诉夏拉德，"我希望回到巴黎，在那里，我写了这么多的好作品。"①

---

① 埃德蒙德·德·龚古尔著，《埃德蒙德·龚古尔日记》第 13 则，摩纳哥，1956 年，P28；梅林·贺兰、鲁帕特·哈特-戴维斯编，《奥斯卡·王尔德书信全集》，伦敦，第四阶级出版社，2000 年，P209，P211，P504。

第二章　巴黎蜜月

至少在另外 12 年间，奥斯卡·王尔德似乎都没有觉察到，他要变成一个典型的同性恋者，亦即美国人对出轨行为者所说的那种"海报男孩"。中小学期间，他表现得像是个普普通通的学童，目光也会在路过的长得好看的人尤其是佳丽身上游移。有一位年方 17 岁的青年女子生有"我所见过的最美艳的脸庞"，奥斯卡写给一位朋友说，还答应要给他一帧该女孩的相片看（暗示一番风流韵事在迅速发展）。这是奥斯卡 22 岁那年 8 月间的事，到来年春天，他还常常到这位"比任何时候都更可爱"的弗罗丽那儿去。①

但是，奥斯卡还是会找到他的真爱。那是个小他 4 岁的令人惊艳的爱尔兰娇娃。"我准备跟一个美貌的年轻姑娘结婚，她

---

① 前已引用《奥斯卡·王尔德书信全集》，P21，P47。

叫康斯坦丝·劳埃德。她是个娇小的阿蒂米斯（译注：希腊神话中的月亮与狩猎女神），严肃，纤弱，生就一双紫罗兰色的眼睛，一头丰厚的褐发盘成一个大卷儿，使她美丽的脑袋像一朵花冠低垂的鲜花。一双象牙色的手在钢琴上弹出如此美妙的乐曲，连鸟儿也会停止鸣唱，凝神聆听。"王尔德就是这样向一位女伶朋友吐露心曲的。对另外一位朋友美国雕塑家瓦尔多·斯多利，他还补充道，"我们当然爱得死去活来。"① 康斯坦丝住在伦敦，出身于一个家世良好的爱尔兰家族，其父在伦敦是个成功的律师。她与奥斯卡不期而遇，就发生在她拜访都柏林的家人时，而她的家人碰巧住在王尔德家附近。从照片上看，康斯坦丝不仅是个规矩的年轻姑娘，而且相貌迷人。当时，王尔德穿着巡回演讲者的体面服装，看上去也是一表人才。

但是，他们的爱是肉欲之爱，还只是精神之恋？一些具体的证明帮助我们作答。奥斯卡和康斯坦丝于1884年5月底结婚。他们的长子西瑞尔诞生于次年6月初；次子维维安生于1886年11月初。

1884年5月29日，他们举办了英国式的教堂婚礼，之后，这对新婚夫妇就像当年许多幸福夫妻那样行事：他们乘火车到多佛海岸，再乘船去法国。实际上，早在是年元月，他在致瓦尔多·斯多利的信中就表示了去巴黎度蜜月的意向，仿佛爱情与巴黎是自然要连在一起的。

关于他们在巴黎下榻的旅馆，一本介绍巴黎的旧《贝德克

---

① 前已引用《奥斯卡·王尔德书信全集》，P224～P225。

旅行指南》可以告诉我们一些情况。他们入住当年位于里奥利街208号的瓦格拉姆旅馆，是条件不错而价格相宜的几家旅馆之一，"尤其是英国人常常光顾的地方。"当年的房价是一天4法郎，不过来度蜜月的新人都住4楼上三间一套的房间，这里能看到杜乐丽皇宫花园的景色。而房价也高达一天20法郎（对巴黎的旅馆而言不能算贵）。我们可以从新娘6月3日给其兄弟奥托的信中看出她的狂喜心情。在这封喜气洋洋的信件中，她说，"婚礼似乎进行得很顺利，而巴黎也真是迷人。"他们不失时机，现已完成了拜访沙龙，参观了法国艺术家年度作品展，观看了一位深孚众望的画家厄内斯特·梅松尼尔的作品展，还有名叫《莉莉》的轻歌剧，而最重要的是观看了莎娜·伯瑞哈特的《麦克白》。她介绍道："这是我所看过的最精彩的表演。《麦克白》很好，当然，莎娜也演得特精彩，她简直沉浸到这个角色中去了。"

在逗留巴黎期间，新婚夫妇还会有不少邂逅，奥斯卡早期过海就有许多熟人，都是美国或英国居住于巴黎的侨民。最奇怪的访客肯定是那个年轻的罗伯特·夏拉德（康斯坦丝认定他"有罗曼蒂克故事和一张罗曼蒂克的面孔"）。夏拉德的父亲是位百万富翁，但是罗伯特"却在这里的亭子间挨饿，总是生活在梦幻世界里，我对他感兴趣"。而在夏拉德这方面则看出这对蜜月中的人是"美好的一对"，"这位可爱的年轻妻子显得特别快乐"。

最后，在所要拜访的人中，还应该有法国作家保罗·布尔奈。后来，他说到康斯坦丝："我爱这个女人——我爱审慎而温柔的女人。"①

在认识康斯坦丝并使她感兴趣之后，夏拉德和奥斯卡一起去餐前散步。在路上，奥斯卡吐露心曲说，这桩婚姻实在是妙极了。实际上，他说的许多事就不只是幸福的慨叹，还包括新婚之夜的详情细节，一个 29 岁的男子与其 24 岁新娘之间云雨之欢，肌肤上的细节使得夏拉德这个单身汉相当尴尬。在随后出版的几本回忆录里，夏拉德并没有写进这些细节，但是，他却悄悄告诉了王尔德最好的传记作家，这位作家使其读者确信，这事所显现的是"一种极致倾向"。②

散步途中，他们走进了圣宝莱商场，王尔德买了一大束鲜花，内夹一张爱情留言令店家送去，越来越觉得嫉妒的夏拉德指出，纸条写的是"给我才离开片刻的新娘"。夏拉德与这对新人一道用午餐，饭后他们乘敞篷马车漫游。在他们转进协和广场时，夏拉德说，"奥斯卡，如果我扔掉我的手杖，你会介意吗？"王尔德答道："不，不会介意。人家会看着你，这将会闹出一个场面。你干吗要扔掉它呢？"

"这是一把佩剑手杖；我不知道事情会怎样，但是，我马上就产生了一个狂野的欲望，要拔剑出鞘，挥剑刺穿你。我想，那是因为你看上去太幸福了。没准儿，在你们婚礼后的这一天，这可能是对你最恐怖的事。"

奥斯卡坚持要他避免这种情况。康斯坦丝·王尔德则哈哈

---

① 前已引用《奥斯卡·王尔德书信全集》，P227 ~ P229。

② 赫斯凯什·皮尔森著，《奥斯卡·王尔德》，纽约，格罗瑟特出版社，1946 年，P101；夏拉德著，《奥斯卡·王尔德：不幸友谊的故事》，P92 ~ P97。

大笑，并没收了这把手杖作纪念品。这个总是滑稽可笑的夏拉德（在往后的岁月里他会展示可怕的事例）对他的读者表白道，他甚至不知道对其朋友的威吓孰真孰假。但是日后，他会把这场笑闹看做某种预告，预示了将发生在他们身上的事。

大概就在这时候，夏拉德带这对新人去游览他所说的这座城市的"地下世界"——满是邪恶人口的邪恶邻居。王尔德却很高兴："犯罪阶级对我总是有一种奇妙的吸引力。"不过，他的导游则观察到了，他的这位观光者在穿着上带有"习惯性的优雅"，身上总是佩戴着诱人的小玩意儿。有一两次，夏拉德不得不站在凶狠狞恶的角色与他的朋友之间。后来，说到游览地下世界的事，王尔德会说，在他有生命危险的时刻，夏拉德保卫了他。

在夏拉德这方面，他则不会忘记，在地下世界的知名红堡酒馆里，其二楼的流浪汉和乞丐可能得到了一项权利，为了讨得一枚小硬币，他们在地板上倒头便睡，直到凌晨两点酒馆打烊。这种房间被称作陈尸所，或叫太平间。夏拉德指出，这种现象对寻求不健康情绪的游客是最好的吸引……"发出恶臭的浓疮、残废的手足、种种污浊的病名"——全然是一堆行尸走肉。奥斯卡驻足在楼台顶部，不能进入这间房子，面露恐怖之色。在几乎十多年之后，夏拉德记起这个场面时，心里仍在琢磨，比起这些躺在他面前的穷苦生灵，王尔德自己的命运是否与之相当，或是还不如呢？

奥斯卡·王尔德过得快快活活，法国蜜月生活并不是以这种愁惨的记叙而结束的。这对幸福的人儿又从巴黎旅行去了狄普,这个地方已成为英国人最喜爱的旅游胜地。据康斯坦丝家书的描述,他们在狄普度过了欣喜的一周。[1]但失望日后就会产生。

---

① 前已引用《奥斯卡·王尔德书信全集》,P230。

第三章　旅行之间

　　从某种意义上说，王尔德第一次在巴黎长期逗留，意味着肯定了他自己的力量。每一天的写作，每一天的社交拜访，以及跟有助于开辟其职业生涯的男男女女会见，这都使得王尔德更知道自己的深浅。在英国，他继续从事在美国就已驾轻就熟的巡回演讲，而现在，对英国听众来说，他自有很好的演讲题目——"旅美印象"。1883 年 5 月，他初识康斯坦丝·劳埃德，是年 11 月订婚，并于次年 5 月结婚。婚后的事情我们都已知道。

　　他的"俄国"剧本《薇拉》，终于上演了，但只在美国演，而不是在英国或爱尔兰。此时，热切的旅行者王尔德于 1883 年伊始乘船去美国出席彩排。这部上演的作品令人困惑，混杂了意识形态的东西，主角薇拉是个革命者，也是个坠入情网的女人。美国新闻界对此剧铁面无情，上演一周就没有任何力量让它不垮台。不过，王尔德凭剧本手稿收到不菲的预付版税，于是，他能够将其访美日期延展整整一个月。在返回英国、爱尔兰之后，遂继续他在全国各地的巡回演讲，讲的是诸如"美丽家园"之类的话题。

法国蜜月之后不久，王尔德在其演讲职业生涯中又添加了新闻工作任务。有一阵子，他替代度假中的兄弟威利，为《名利场》杂志写戏剧评论。他还成了一家伦敦报纸的定期投稿人，在文学刊物上发表诗歌和随笔。王尔德偕妻出席社交聚会，还受雇于《淑女世界》月刊任编辑，而该刊旋即更名为《妇女世界》。

他还证明自己特别擅长给儿童和青少年写短篇故事。这种故事成年读者也读得津津有味。1888年结集出版的《快乐王子及其他故事》巩固了他作为一个作家的地位。他结交同行作家，出席各类仪式和饭局。在19世纪80年代后期，书商、杂志出品人对他礼遇有加，甚至礼送他到大门口，而不是相反的情况。

1890年6月，在一家美国杂志上，作为一篇短篇小说，王尔德发表了《道连·格雷的画像》。对他来说，此后，凡事都非同一般了。如果不说一般民众，批评界立即懂得了，这位作者处理的是性倒错问题。当年有学者认为，威廉·莎士比亚的男孩演员威廉·休斯也是莎士比亚的情人，王尔德此前不久就借《W.H.先生的画像》这个短篇将上述想象改造为理论。而当"道连·格雷"扩展为长篇小说时，作者对同性恋题材的专注，亦即他不再设法隐瞒的名堂造就出奥斯卡·王尔德的一个新形象。

他已经爱恋过一位年轻女子，并与其结婚，也生养了儿女；

而当他的暧昧故事公开了的时候，他仍然与康斯坦丝·王尔德保持着婚姻关系，且居住在一起。与此同时，他的行为，他的步态，以及谈吐都使人联想到女人味，而就在他本人或别的什么人宣称奥斯卡·王尔德是一个同性恋者之前很久，实际的情形就已如此。人们在埃德蒙德·德·龚古尔的日记里，可以发现一个有趣的例外。在那篇 1883 年 5 月 5 日的日记中，龚古尔写到：

> 在尼蒂家的饭局上与英国诗人奥斯卡·王尔德同席。此人的性取向不确定，说起话来喜欢卖弄，像是一个讲荒诞故事者，对得克萨斯州一个小镇的描述令我们吃惊，刑满释放的作奸犯科者，玩手枪相沿成习，以及寻欢作乐场所。在那里你可以找到一个阅读符号："别枪杀钢琴师，他已经尽其所能。"

龚古尔对这位爱尔兰人性暧昧的品评或许是第一次付诸纸笔，实际上，这一品评当时并未发表。直到 8 年之后，它只是一份私人文件。但在 1891 年 12 月，龚古尔却以连载的形式将其日记公诸于《巴黎回声报》上。此事发生时，王尔德仍在巴黎，那时他正要结束长达 8 周的逗留，但是，他对龚古尔的评说仿佛视而不见，不置一词。

当然，此时的王尔德，不论在国内还是在国外，都是一个身体力行的同性恋者。他的一些性伴侣是他的朋友，或者变成了朋友；另外一些则是从街头接来的"出租男孩"或"脂粉男孩"。他似乎偏好男孩子或青年男子,但是,他也显然可以与成年的男子保持持久的爱慕。

人们一般都认同(因为绝无一个人提供另外的说法),一位叫罗伯特·鲍得温·罗斯的青年是奥斯卡·王尔德的第一个男性情人,他的名字是按其祖父之名取的,而其祖父则为前英属加拿大一个省的首任省督。罗斯生于 1869 年,与王尔德认识时才 17 岁,照片上的他还是个带孩子气的青年人。此时的王尔德已是文学名人,且流露出一派名人味儿。可能因王尔德比"罗比"(罗斯昵称)有更活跃、更多样的性生活,所以他们并没有成为终生的情人。然而,不像是王尔德其他花钱或不花钱的情侣,罗比却是忠贞不渝的,至死都对王尔德不离不弃。这个青年人,年纪稍大后,负责料理王尔德入狱后的生活,照看着王尔德最后的亡命生涯及其风烛残年。他还是奥斯卡·王尔德文学资产的遗嘱执行人,尽管他接管时,该资产已处于破产境地;他理清头绪,在王尔德蒙羞及死后,使奥斯卡·王尔德的作品全集得以出版。他还拥有王尔德纪念碑及地皮的产权,该纪念碑位于巴黎拉雪兹神父公墓王尔德下葬之处。他还在遗嘱里载明:他自己的骨灰要葬在其朋友的墓穴内。①

同性恋这种事儿发生时,王尔德与康斯坦丝仍然在婚内,且住在一起,也有漂亮的孩子(分别生于 1885 年和 1886 年,王尔德认识罗斯正是在 1886 年)。一位王尔德传记的作者有个

---

① 马杰瑞·罗斯著,《罗伯特·罗斯,朋友们的朋友》,伦敦,约纳珊角出版社,1952 年,P9 ~ P14。

想法，认为王尔德之所以搞同性恋，是因为其妻生养抚育儿女日益变得丑陋，而对其丈夫没有吸引力了；另一位作传者则只是援引王尔德笔下的隽言妙语作为指示物，说明王尔德对婚姻感到幻灭，而一个明显的信号便是，蜜月过去了。妙语之一便是："世上根本无所谓已婚女子的忠诚，对这种事，绝没有一个已婚男子知其一二。"（这就暗示了妻子欺骗丈夫，而这显然不符合康斯坦丝的情况。）

还有："风流韵事最可恼的是，它会让其中一方落到风流不起来的地步。""朝三暮四与终生不渝之间仅有的差异是，朝三暮四要持续得长一丁点儿。""在婚姻生活中，三者可成伙伴，两者可就没戏了。""一个男子跟任何一个女人在一起都会得到快乐，只要他并不爱她。""一个已婚男子的快乐，全靠他并未与之结婚的人。"

从此，在奥斯卡·王尔德的生活里就有了一连串的青年人（而不是成年人）。至少一次，他旅行到牛津大学，看看是否能在学生中找到新的粉丝兼情人。在他新招募到的青年中，有一个应当是突出的，且是所有这些人中的最忠诚者，在他最后的时日都到场侍奉。这个青年就是雷金纳德·图纳，是《每日电讯报》犹太人业主的一个儿子。尽管王尔德偶尔会流露对犹太人含糊的态度，但图纳的犹太人出身似乎并不让他感到不安。图纳永远是个特例。

奥斯卡·王尔德后来幸运的是，他不停地要新情人，可这并未降低他的创作热情，也未降低他演讲和私下谈话的热情，他的听众与日俱增，其中有文学界的朋友、艺术家、戏剧家以及男女演员。当《道连·格雷的画像》在杂志上问世时，有过一些不佳评论，但他还是在准备更长的版本，以长篇小说形式出版；他还继续为诸如《十九世纪》之类的严肃刊物写随笔，充满思想，笔调尖刻，并结集以《旨趣集》为名出版。

这都发生在 1890 年这一年。但是，所谓的奥斯卡·王尔德"惊天动地年"①，却是在 1891 年。在以后的 12 个月里，他计划出版四部书，其中两部为短篇故事集，另一部是文论，最后一部则是加长版的《道连·格雷的画像》。他还撰写了自己第一个成功的剧本《温德梅尔夫人的扇子》。

在他的旅法岁月里，1891 年若不说是最重要的，也可说是了不起的年份。

---

① 诺尔曼·佩奇著，《奥斯卡·王尔德年表》，伦敦，麦克米伦出版社，1991 年。

第四章　笔记本

王尔德重新加工已改动很多的《帕杜亚公爵夫人》。在百老汇作短期演出时，该剧已更名为《贵多·佛兰提》（译注：剧中一男主角之名）。正像他似乎在纽约比在伦敦得到更多成功那样，王尔德对在美国获得的这一礼遇表示感谢——但在纽约上演并非必然意味着赏识，而在巴黎他是受赏识的。在攀登顶峰之前，他肯定不会浪费时间。1891年深冬，在当年最初的两次访问都指向巴黎期间，王尔德在大诗人斯蒂凡·马拉美的一个著名"周二晚会"上受到接待，在罗马街举办的晚会上也大受欢迎。次日，他在写给马拉美的信中说："会见《牧神的午后》的作者的荣耀，这本身就令人激动，而在他身上发现您惠赐于我的热忱，简直令人难以忘怀。"其时，正值晚年的马拉美，赠送了他这个法国人认为很体面的礼物——一本译著给奥斯卡·王尔德，那是他用散文译的埃德加·爱伦·坡的诗歌《乌鸦》。

王尔德继续写道："在英国，我们有散文，也有诗歌，但是，法国的散文和诗歌，一到诸如您本人这样的大师手里，就融为一体了。"①

王尔德的礼貌态度，本可以用来建立一种顺畅的关系，但王尔德与旅欧美国画家詹姆斯·麦克瑞尔·惠斯勒之间却因宿仇而变得不顺畅。惠斯勒深信，这个喜欢艺术讲演的王尔德是个危险的对手，尽管这位画家享有国际声誉，也比王尔德年长20多岁。

惠斯勒心眼小，报复心极重。他因控告著名艺术评论家约翰·鲁斯金，实际上已濒临破产境地，后者只是不看好地评论了他的一幅画作。再说，鲁斯金也比他年长15岁。

然而，惠斯勒似乎并没有树马拉美为敌，后者是其多年的朋友，并把著名的《十点钟演讲》译成了法语，此书堪称惠斯勒艺术哲学的提要。

一位早期的惠斯勒传记作者解释说，这位画家对王尔德这个年轻人的轻蔑与日俱增，不仅是因为王尔德谈艺术谈得太多，还因为在谈的时候听上去太多的东西像是惠斯勒说过的，而实际上，在惠斯勒看来，这个爱尔兰人"除了知道外衣合身不合身之外，对一幅画决没有什么判断力"②。在受够了这位前朋友的明枪暗箭后，王尔德奋起反击，他在1885年2月一篇评论《十点钟演讲》的文章中说，惠斯勒"在我看来，实在是一位绘

---

① 前已引用《奥斯卡·王尔德书信全集》，P471。

② E. R. 彭内尔、小彭内尔合著，《詹姆斯·麦克瑞尔·惠斯勒的生平》，伦敦，海涅曼出版社，1908年，P15。

画大师。而我可以补充的一点就是，惠斯勒先生本人也同时产生了这种看法"。

另外一次，在评论惠斯勒竞选英国皇家艺术家协会会长时，王尔德写道："惠斯勒先生从来都意味着艺术，而我们仍然相信他意味着艺术。我用大写字母拼写……他焕发的才气，他的尖刻挖苦，以及他令人惊叹的隽言妙语，或者，我们也许应该称其为加之于其同时代人头上的墓志铭，这使得他的艺术观既令人欣喜，又误导大众；既令人着迷，却又根据不足。"

起初，王尔德与惠斯勒你来我往互作尖刻评论，还只当是说笑，但其腔调却变得逐渐尖锐刺耳了。在一次午宴上为表示友好，王尔德就惠斯勒的一个评论说："吉米（译注：惠氏昵称），我但愿我说过那些。"惠斯勒立即回答说："奥斯卡，你是故意的。"最后，女主人加了小心，不邀这两个人一起出席饭局。

王尔德在巴黎的新朋友之一亨利·达夫雷，是一位英译法的翻译家。作为王尔德最后10年的密切观察者（要是专业上的原因就好了），他披露道，在访问巴黎期间，这位作家备有一个笔记本，以记下他的观察、席间谈话及同时代人的评价，甚至于他个人的反省。显然，这些笔记中许多用的是法文。主要在于笔记来自生活，达夫雷认为，这是王尔德金玉良言的缩略版。

如果说，当年达夫雷易于接近笔记本，我们可没有这种幸运。据翻译家达夫雷所说，在王尔德受审和入狱之后，一位珍本书书商（也许来自海峡彼岸的英国）掌握了这个笔记本，且另辟章节，将其内容插入王尔德作品集的首版之中，以便增加作品集的目录学价值。

这个笔记本并不是无遗漏的。例如，人们都有兴趣知道，1891年3月王尔德与爱弥尔·左拉的会见，其结果如何，因为对此事有不同的记叙。传记作家赫斯基什·皮尔逊未表明资料出处，却评说道，左拉与王尔德在一起不会觉得自在，这种情况说来也相当自然，因为左拉写作以直接源于生活而自豪；传记作家理查德·埃尔曼的资料来源则是陪同王尔德作这次会见的人，他声称这位人情练达的小说家对来访者说："大驾光临，不胜荣幸。"然后，左拉继续解释说，他的小说是如何立足于文件、如何亲自访问故事发生地点的。而王尔德则让左拉确信，他也是同样行事的：他写作《道连·格雷的画像》时，研究了一长串的珠宝名录。

在旅居巴黎的笔记本里，首先要致力于成为一名戏剧界人士的王尔德，记录了跟著名演员科奎林（艺名为康斯坦特·科奎林）的对话：

"王尔德先生，什么是文明？"

"爱美。"

"那什么是美呢？"

"美就是高尚的人称作丑的东西。"

"而高尚的人称作的美又是什么呢？"

"不存在这种东西。"

在回答科奎林的其他问题时，王尔德解释了他正在为舞台写的东西。"只存在风格。从莎士比亚到雨果，所有的主题都用过了。在任何东西上搞原创都是不可能的，即便在我也是如此。所以，不存在激情，只有花样翻新的形容词。结果确实可悲：在演出成功的关键时刻，我的主角要编几句隽言妙语，却未能给任何观众留下印象。这样，他却被评定为作了必作演讲的学会会员。"

这本笔记包含了一系列的沉思录，王尔德在上面做原创标记而宣称是其原创。诸如：

"诗歌中的艺术家和诗人：两种很不相同的东西（参见戈蒂埃和雨果）。"

"为了写作，我需要黄色沙丁鱼。"

"我需要镀金狮笼中的狮子。狮子可怕，它爱追寻人肉甚至爱黄金，而狮子绝不谋求黄金……"

还有更多的诸如此类的感言。笔记本的发现者亨利·达夫雷品评这本笔记时说，正是有了这本笔记，似乎在反驳王尔德关于艺术原色的教条。因为这本笔记的内容大多来自生活，而细节则取自自然。不过，也有一个情况是真实的，即，王尔德事先就回答了反驳意见。"人必须汲取生活中的色彩，而永远不要记住细节。细节总是粗俗的。"正如雕塑家"用青铜体现想象"，作家用表象创造艺术真实。"如果人们不说起某事物，这事就仿佛从没有发生过一样。赋予某事物以真实性的唯有表达。"[1]

---

① 亨利·D. 达夫雷著，《悲剧终曲》，巴黎，法兰西信使社，1928 年，P129 ~ P144。

第五章　莎乐美

　　1891 年这一年，是王尔德的"惊天动地年"，他打算在巴黎度过深冬和初春，秋天再回来，奥斯卡·王尔德对法国和法语的奉献还会变得更明显，其时，他对朋友宣布，他正在用法语写一个剧本，并想让它在巴黎舞台上演出（干吗不登上卓有声望的法兰西歌剧院）。一位早餐席上的朋友记叙 1891 年 10 月下旬（其时又开始写《莎乐美》）[①] 与王尔德谈话的日记称："他雄心勃勃，要当一名法兰西学院院士。"

　　这一年，有许多杂事要办。即使成了成功人士并有了钱，但王尔德还是会把他的才能用到英国舞台上，而就登上英国舞台的才气而言，他也已经是名声在外了。《温德梅尔夫人的扇子》正在作彩排开始前的修改润色。这是他创作的四部喜剧的

---

① 威尔弗雷德·布伦特，引用佩奇著《奥斯卡·王尔德年表》，P45。

第一部，并因此而一举成名，此剧久演不衰，从那时到今天，仍是英国上演的剧目之一……

他四部喜剧中最特别的要算《不可儿戏》，剧中幽默的机敏应答，令人耳不暇接，眼花缭乱，乐不可支。但是，当该剧在伦敦公演时，其作者正蒙羞受辱，要进监狱，其名字也从宣传该剧的海报上撤了下来。

与此同时，他还创作了《莎乐美》一剧。《莎乐美》既然是复活一个可怖的传说中的人物，就没有写成喜剧的余地。该故事的大意人们相当熟悉，或者说应该是熟悉的，因为它首先出现在《圣经》中（《马可福音》第6章14–29）：希罗德·安提帕斯是古罗马加利利的分封王（译注：以残暴著称的犹太王），令人将圣徒约翰斩首。复活之后，约翰告诉希罗德，他与其兄弟之妻希罗黛斯结婚是不合乎法律的。约翰的断言激怒了希罗黛斯（希罗德的第二个妻子），但希罗德此时已惧怕这个圣徒，便没有伤害他。后来，希罗德主办其生日庆典，希罗黛斯之女莎乐美为他献舞。希罗德看得心醉神迷，以至于声言，她想要什么就赏给她什么，哪怕是半个王国。莎乐美的母亲开导她，要求得到圣徒约翰的头颅，而希罗德尽管情非所愿，可还是被迫让步了。除了《圣经》故事之外，还有更多东西把这位作家吸引到莎乐美的故事上来（事实上，在《圣经》版本中，莎乐美这个人物并没有名字）。当年就有有关莎乐美的诗歌和绘画，有由以往大师画的，也有著名画家居斯塔夫·莫罗画的，莫罗还在画中的著名地点讲这个故事。事实上，还有过一部马拉美所写的虽为未竟之作，却广为流传的重要诗歌作品。此外，就"色情和残忍"这两种氛围，以及与《圣经》故事的共鸣而言，福楼拜的长篇小说杰作《萨兰坡》，提供了许多王尔德所想要的灵感。[①]

　　1891 年在巴黎的第二次逗留拖延了，王尔德是 10 月底抵达的。他告诉熟人，他将在城里待一个月，但结果却逗留了两个月，还是有大量的事要他去做。在右岸的一家旅馆住了几夜后，他搬进了嘉布欣大道 29 号的一家公寓式旅馆，这地方在当时和未来对工作上的拜访似乎更适当。后来，他告诉一位朋友，美籍爱尔兰作家文森特·奥沙利文，在同包括安德烈·纪德在内的一批作家共同出席的一个午餐会上，他给他们说了过去一直在思考的这个剧本的大致轮廓；事实上，当时跟他们说的轮廓，是他即兴而发的。在返回他的嘉布欣大道书案的路上，已是暮色四合的街景，他注意到了一种空白笔记本，不久前，他向当地的文具商购买过。他打开笔记本，开始写下一些午餐会上对其朋友阐述过的事情。他告诉奥沙利文，若不是这种笔记本就放在他眼前，那他就不会买下来，也就不会起草这个剧本了。

　　他用法语写下了《莎乐美》这个剧本。所用法语得当，但尚须编辑修正。起初经本人用法语写作的美国诗人斯图亚特·梅里尔之手，但王尔德不情愿将其作品交由同是说英语的人把关，梅里尔遂将其所改之处转交给土生土长的法国人，一位象征主义作家阿道夫·赫德过目，赫德将终审校订本转到一位 21

---

① 帕斯卡尔·亚丁著，《奥斯卡·王尔德〈莎乐美〉之序言》，巴黎，弗拉玛里翁出版社，1993 年。

岁的诗人手上，而应承下来的显然是皮埃尔·路易斯，在梅里尔看来，王尔德接受了路易斯在语法上的改动，而对其他地方的改动则不以为然。①

　　王尔德的另外一位新朋友，是一位年轻的且已备受推崇的文学评论家马塞尔·斯沃布，时年仅27岁，比王尔德小10岁。斯沃布是个严厉的法官，即便对所欣赏的人也是如此。他欣赏奥斯卡·王尔德，而他评判王尔德却同样铁面无情。"一张胖嘟嘟的脸修刮得很干净，脸色淡红，眼睛里有讥诮意味，牙齿不好看且有些突出，那张孩子般调皮的嘴巴，上下唇给奶水软化了，一副时刻准备再吮吸的样子。"在第一次会见了这位爱尔兰来访者之后，斯沃布就这样写下了其日记的开场白。"眼睛和嘴唇都是说谎者的，不修边幅却是做作出来的。他身穿褐色长外套，配着怪异的男式背心，手杖头上安了金手柄。王尔德吃饭很少，吃饭时还不停地吸浸过鸦片的埃及香烟。他喝可怕的苦艾酒，由此可窥见其欲望——这好比伦敦皇家咖啡馆地面上盛开着红、黄色的郁金香，一个忧郁的侍者往脚前地面上画'8'字地洒水，像是在给一个无花的花园浇水。他把说谎打造成一门艺术。因为谎言……在杜兰德家的午餐会上，他对我说，我如今再也不知道怎么办。思想观念以法语形式出现在我脑海里，很短的法语，一次才两行。显然，我不可能以一个基尼（译注：相当于21先令的英国昔日金币）的价钱卖掉一个包含两句话的

_____

① H. 蒙哥马利·海德著，《奥斯卡·王尔德》，伦敦，梅休因出版社，1982年，P166～P168。

故事……"①

　　关于奥斯卡·王尔德，马塞尔·斯沃布不论是寻思了什么，或对别人说了什么，或在其日记中吐露了什么，有一个事实就是，他充当了王尔德的向导——一位作家称他为社交陪护人——在王尔德访问巴黎期间，斯沃布介绍他认识他们俩都认为是文学精英的人。这些人物中的一个肯定是记者、小说家、戏剧家让·罗兰。斯沃布写了一张短笺通知罗兰："奥斯卡·王尔德下榻于嘉布欣大道 29 号，马上给他写信，告诉他，你将要接待（阿纳托尔）法朗士、（亨利）德·雷尼耶和（莫里斯）巴雷斯。"罗兰自己写过一个专门描写莎乐美的短篇，这也是王尔德为什么想见他的原因，而罗兰也乐意见见"本社交季节的明星"，那是人人都想见到的人物。

　　后来，罗兰回忆在他家的午餐会上，显然是阿纳托尔·法朗士这些来客的引发，王尔德"显示自己是一个最令人愕然的演说家，最吊诡而优雅的讲故事者，我真是闻所未闻……"东道主办公室的一尊石膏塑像令这位来访者受到启发。这个石膏像上带有"用奇异的方法画上的血滴"，表示的是被斩首的一名殉难圣徒的头颅；罗兰说，他是心血来潮时才决定将石膏像挂在墙上的。而对王尔德来说，显而易见的事情是，他分明是正站在莎乐美前面。王尔德面无笑容地对罗兰说："你跳舞了，你得到了她的头颅。"

　　王尔德去世后 9 年，罗兰写下的一段有如王尔德的文字肖

---

① 皮埃尔·钱皮恩著，《马塞尔·斯沃布及其时代》，巴黎，格拉塞特出版社，1927 年，P98～P99。

像，引用了这么一段话："奥斯卡·王尔德生就一副有点令人反感的相貌，高大肥胖，神情傲慢，面孔光滑，肥厚的嘴巴里长有一副骇人的牙齿。他说话缓慢，显然是把听自己说话当成享受，但他有天纵之口才，说起话来……多么奇异而有滋有味的健谈人！"[①]

王尔德好把事物戏剧化的旨趣，何止让他的一个新朋友吃惊。文森特·奥沙利文就回忆起了另外一个这种机遇，是由马塞尔·斯沃布给他描述的。一次，斯沃布去王尔德在嘉布欣大道的公寓拜访他，发现东道主正准备出门，在寻找自己的手杖。王尔德对斯沃布说："我的金手柄的手杖消失了，昨晚我跟一些最可怕的生灵在一起——盗贼、杀人凶手、小偷，有如维庸（译注：Villon，15 世纪法国抒情诗人）所保护的一伙人。他们偷走了我的金手柄手杖。那里有个生有一双漂亮而悲伤眼睛的年轻人，那天早上因其情人不忠而杀害了她。我觉得一定是他偷了我的金手柄手杖。"王尔德说话时，斯沃布环顾房间。王尔德继续说道："我的金手柄手杖现在在杀害一个脆弱姑娘的人手中，这个姑娘优雅得有如雨中的一株宁静的玫瑰树。"斯沃布终于认出了放在一个角落里的手杖，并叫王尔德把注意力转向它。"啊，不错，"王尔德说，似乎在惋惜他的一个短梦结束了，"这么说，是这把手杖。我的金手柄手杖还在这里。你发现了它，多聪明呀！"[②]

① 德·安东尼著，《让·罗兰》，巴黎，费雅出版社，2005 年，P443~P445。
② 皮尔森著，《奥斯卡·王尔德》，P102。

王尔德在巴黎的那几个星期里，斯沃布跟他在一起度过了相当多时间，通过斯沃布，王尔德认识了巴黎文学界最缺乏同情心的一个角色莱昂·都德，斯沃布是犹太人，而都德则是臭名远扬的反犹太主义论客。但是，他们从中小学时代就一直是朋友。都德会说，斯沃布的理想主义和慷慨大度，使他和他的父亲（小说家都德）都眷爱着斯沃布，且使得莱昂离开过分的反犹太主义……

斯沃布住大学街，都德拜访他时，在他那天花板低矮的家居办公室不止一次见到了奥斯卡·王尔德。都德是这样品评王尔德的："多古怪的相貌啊，简直是一种混和物：良善而恶劣，粗鄙而精致，邪恶而圣洁，诚挚而爱卖弄。他能吸引人，却又令人讨厌。他讲了一个美妙的故事，而他的言语却很快令我们身心疲惫。"总而言之，有这位来访者在场，都德就会感到不舒服。当王尔德问他："你认为我怎么样啊？"都德毫不犹豫地如此回答了他。

在他们第一次会见后的一天，都德收到了一封无头绪的信，在信中，王尔德暗示都德误判了他。王尔德强调，他是个正直坦诚的人，简直像个孩子……相反，都德却在他令人惊骇的信中侦查精神病的症状。的确，王尔德与斯沃布同有所好，诸如崇拜法国抒情诗人维庸，都对地下世界及其俚语着迷。"但是，斯沃布有高洁的灵魂，"都德说，而"不明来源的思想毒液却不断滴进王尔德的思想里"。都德令人想起杰克博士和海德先生。在交往中，他获得了一本《莎乐美》，"一本仿福楼拜和梅特林克的效颦之作"①。

奥斯卡·王尔德待在巴黎，引来了更多邀请，不断出席午餐会、晚餐会，这自然引起了巴黎报界的注意。《费加罗报》的报道受到最为广泛的关注，其头版头条标题就只用6个大字"奥斯卡·王尔德"。一位记者（《红发雨果》的作者）写道："我可担保，本报许多读者都在看着'奥斯卡·王尔德'这个名字，而这位作家已享誉英国、美国及所有英语国家。这种声誉不仅衍生于他的作品，还来自其个性。他对同胞产生了深刻的影响，而其影响的深刻广泛令人惊叹——如同在法国，自维克多·雨果及浪漫主义风行的伟大岁月以来，还没有一位作家产生过如此大的影响。"

因此，介绍他、他的家人、他的研究及其唯美主义哲学原理，已是时候了。他打算用唯美主义哲学改变英国贵族阶层的信仰。诸如"艺术并非对自然的模仿，要模仿艺术的倒是自然"。该记者指出，王尔德的影响已涵盖了家具，以至于服装。而他就作了一个示范。"他着装看上去像是一名中世纪的少年。人们看到他在皮卡迪利大街漫步，身着哥特式盛装，手拿一枝向日葵。"有人又一次引用王尔德的话说："我行我素。"这位记者同情法国人，他们尽管素有独立自主的风采，却必须尊重他人的成见。②

另外一家巴黎日报，普遍认为是受法国贵族阶层欢迎的报纸，也在其头版上发表了对奥斯卡·王尔德赞赏有加的文章，

① 莱昂·都德著，《纪念与论战》，巴黎，拉封出版社旧书系列丛书，1992年，P278～P279。
② 雨格·勒洛克著，《奥斯卡·王尔德》，巴黎，《费加罗报》，1891年12月2日。

而在时机把握上，则有意放在这位名人返回伦敦的那一天。该文作者正是王尔德在巴黎的朋友罗伯特·夏拉德。他披露，作家莫里斯·巴雷斯刚刚设了个饭局，宴请来访的王尔德。夏拉德在文章结尾写道，在英国，能让王尔德出席饭局就意味着保证了女主人的成功。不过，王尔德偏好艺术家，并且喜欢说，他仅感兴趣的人是"漂亮的人和干漂亮事的人。的确，有时候还会对另类的人——罪犯感兴趣。而且，这无疑会'弄得白痴们目瞪口呆'，就像他热爱的诗人波德莱尔一次回答一名警官那样"①。

说到关于奥斯卡·王尔德传说的这个话题，还有某个人不可避免地要登场了。詹姆斯·麦克瑞尔·惠斯勒并不准备待在巴黎，出席即将到来的马拉美家的周二聚会。但是他确信要以不同的方式表明他的存在。在晚会前夕给马拉美的电报里，惠斯勒说，他知道他不到场不对，而出席了就可在"明晚当着尊高足的面指责奥斯卡！"

惠斯勒想到，他得证明他的警告是有道理的。"马拉美家的周二聚会，如今已是历史性的专门接待诚实艺术家的……大师的门户就是不应让任何一个跨海峡而来的骗子闯进来……"

关于同一个周二聚会，惠斯勒还拍了另一封电报："告诫尊高足当心致命熟人，防护府上珠宝。"

至于王尔德方面，却行事如常，仿佛无视其对手的怒火，但相当可能的情况是，王尔德并没有觉察到，惠斯勒正热衷从

① 巴黎，《高卢人报》，1891 年 12 月 17 日。

事一场战役。王尔德写信给马拉美："亲爱的大师，几周以来，我都待在巴黎，祈望有幸参加府上下周的周二聚会。"与此同时，他给这位诗人寄了一册《道连·格雷的画像》，"用以证明我钦佩您高尚严肃艺术的一种证书。在法国诗坛，除了唯一一位大师，还有许多跟班。"

而马拉美也投桃报李，表现出同等的谦和有礼："拜读毕尊作，因其精致的梦想，成了少有的能够打动我的一本书，而其心灵的异香令人心情激荡。

"靠难以置信的精致才智、人性以及类乎任性的美的氛围，并熟练地利用了种种写作艺术，你达到了写得深刻的奇迹！"

那天晚上，宾客们散去之后，马拉美赶紧告诉惠斯勒让他安心。"这场晚会枯燥得人们能够想象，或许，即使没有你那封电报，情形也会是那样，我想起这封电报就会暗自发笑。"马拉美继续描述这场聚会，并引述别人甚至是王尔德对惠斯勒的称赞。"放在墙角家具上的这封电报肯定让整个事情可乐。"

对王尔德不友善的这种对话继续进行到了 12 月 7 日，惠斯勒从伦敦告诉马拉美说："明天是周二聚会，我还必须去赴会——不然，马拉美家将会有人侵入！O. W.（译注：奥斯卡·王尔德姓名缩写）告诉新闻界称，他受到了大师的赞赏，且与其高足频频光顾咖啡馆！"

惠斯勒又一次以警告作结："当心府上珠宝！"[1]

---

① 斯坦利·温特劳布著，《惠斯勒》，纽约，韦布赖特-塔勒出版社，1974 年，P293~P304；前已引用《奥斯卡·王尔德书信全集》，P492；马拉美、惠斯勒合著，《通信集》，巴黎，尼泽出版社，1964 年，P105，P134~P135；让-吕克·斯坦默兹著，《斯蒂凡·马拉美》，巴黎，费雅出版社，1998 年，P340~P341。

第六章　普鲁斯特，路易斯，纪德
和其他一些人

　　如果追随奥斯卡·王尔德的访问，看看他在巴黎的午餐会、晚餐会和咖啡馆的会见，我们可能想知道，在这次旅行中，他是否有意要会见涉及文学艺术的每一个人。马塞尔·普鲁斯特（译注：1871～1922，法国小说家）也在其列吗？他不是一个知名作家，也不是任何类型的名人。1891 年春，他参加了一个刊物，而那实际上是一家业余爱好者级别的杂志；11 月，王尔德来访伊始，他还只是一个政法学院的学生……而且，这个 21 岁的马塞尔·普鲁斯特作为一个业余爱好者尚不够分量，因他忽视了可归为本社交季节的"大事"——文学名人奥斯卡·王尔德访问巴黎。仅有的疑问是：他邀请了王尔德来他父母家做客了吗？若然，为什么？

　　这实在是一个不一般的事件，但传记作家看来接受了这个事件，而实际上，普鲁斯特后来的小说杰作中选择了这一事件，致使其似乎有权威性。

在他们会见的最简单记叙中，王尔德和普鲁斯特觉得他们自己都在阿曼·德·凯拉维特太太家吃过饭，其客厅应该是会见阿纳托尔·法朗士的理想地方。有一种猜测说，他已经十分清楚自己的性偏好，年轻的马塞尔怀疑，或者说听人说过奥斯卡·王尔德的性偏好。

再者，王尔德并未出现在马莱夏贝斯大道 9 号的普鲁斯特家，胆敢批评普鲁斯特家在家具上的趣味。而普鲁斯特的结论则是，"我倒认为，王尔德先生没有受到过良好教养"。①

或者，还有另一番情景：在另外一位女东道主的饭桌上，普鲁斯特是由艺术家雅克－爱弥尔·布兰奇介绍给王尔德的。被普鲁斯特对美国文学的热忱所感动，王尔德接受了对方的餐叙邀请。但是，在晚餐会那天，普鲁斯特抵达其父母家却晚了一点，仆人禀告他说，王尔德几分钟之前已经到了，可进屋后，他却走出客厅进了卧室，现在还待在那里。普鲁斯特隔门打招呼说："你不舒服吗？"王尔德终于出现了，并让这个年轻人放心，他健康状况良好，王尔德解释道："我想会有幸单独跟你共进晚餐，但我看到令尊令堂都在客厅里，我就不能待下去了。再见，亲爱的普鲁斯特先生。"普鲁斯特的父母告诉儿子，王尔

---

① 乔治·D. 佩因特著，《马塞尔·普鲁斯特》第 1 卷，纽约，蓝登书屋出版社，1989 年，P169～P170。

德进入客厅时宣称："你们家多难看啊。"①

　　奥斯卡·王尔德不愿把《莎乐美》的手稿交到年轻人皮埃尔·路易斯手中，只是因法语严格的语法变化，再加上他想要随着时间推移而更好地了解路易斯，才不得不这样做。这位成长中的作家厌恶平民，但他想结交名人朋友，而王尔德便是这种人选。当时，路易斯只是东一下西一下地发表过诗歌，但也编辑他自己的诗歌杂志。等他获得赞赏，并因长篇小说《埃芙罗黛蒂》（译注：希腊神话中司爱与美之女神，相当于罗马神话中的维纳斯）而小有名气，5 年时间过去了。

　　路易斯是个俊秀的青年，相片上像是王尔德所喜欢的那种少年，而王尔德还赞赏他的文学才能，或者，至少他说过看好路易斯。在往后两年里，路易斯在英国度过了相当多的时间，且每次都热衷于见到王尔德。显然，路易斯认识莎娜·伯瑞哈特是王尔德引见的，因为她要出席伦敦的法国戏剧节，还要作为主角排演《莎乐美》（我们将会看到，该剧登不了伦敦舞台）。

　　可以肯定，在奥斯卡·王尔德访问巴黎期间，皮埃尔·路易斯所扮演的最重要的角色就是把他介绍给安德烈·纪德。纪德回忆道，他早就很想会见奥斯卡·王尔德，但不知道如何作安排。"一件幸事帮助了我，或者说，是我向一位朋友表示了我的愿望。"纪德后来如此说道。

---

①　菲利普·朱利安著，《奥斯卡·王尔德》，巴黎，贝兰出版社，1967 年，P246；让－依夫·塔迪著，《马塞尔·普鲁斯特》第 1 卷，巴黎，伽里玛德—福利奥出版社，1996 年，P229。

从那一刻起，安德烈·纪德就过着蜜月生活。用他自己的话说，他变成了一个地道的白痴，"不再读书，不再写作，不吃不喝不思考——跟着或不跟路易斯到处跑，去咖啡馆、去沙龙，跟人握手，见人微笑。"他们会见了诸如乔·马利亚·德·埃雷迪亚、亨利·德·雷尼耶、斯图亚特·梅里尔等文学名人，以及"唯美主义者奥斯卡·王尔德，如此令人敬佩的那一个……"[①] 实际上，纪德在信中表明，从 11 月底到 12 月 15 日，几乎每一天他都从午餐会上就近看见了他的"唯美主义者"——但纪德日记涵盖这些日子的页码已被撕掉了。[②]

虽然，皮埃尔·路易斯不是，且不会变成一个同性恋者——而当他认识到奥斯卡·王尔德是个什么人时，他会立即断绝跟他的一切关系。而此时他接受了尊敬的来客的逢迎。例如，在一本书的照片上，有王尔德的题词：

致崇拜美的青年

致受美崇拜的青年

致我崇拜的青年[③]

在安德烈·纪德这方面，他直到那时都设法秘而不宣自己的私生活（他最秘密的欲望）。但现在他走进了儒勒·雷纳尔尖

① H. P. 克利夫著，《皮埃尔·路易斯和奥斯卡·王尔德》，载《比较文学杂志》，巴黎，1969 年 7～9 月号，P353～P360。

② 前已引用《奥斯卡·王尔德书信全集》，P496。

③ 让·保罗·古戎著，《皮埃尔·路易斯》，巴黎，费雅出版社，2002 年，P139，P180。

刻而坦率的日记。经马塞尔·斯沃布介绍，雷纳尔初次见到了纪德。雷纳尔描述纪德："他顺便来访。没长胡须，患有伤风，眼睛藏在胖得圆滚滚的额头下。他跟奥斯卡·王尔德陷入了热恋之中，王尔德的相片就挂在他家壁炉的上方。相片上的那位绅士胖乎乎的，很惹眼，也不长胡须，他近来已受到公众注意。"①

实际上，纪德的笔记本和他给密友的书信，都让我们看到，对于尚不自信的年轻人，奥斯卡·王尔德究竟能产生多深的印象。"王尔德正在苦苦地扼杀我心灵中尚存的东西，因为他说为了了解本质，就必须制服本质；他想要我悲叹我的灵魂。"在给保罗·瓦雷里的信中，纪德暗示说，他已被拉扯到情侣的地步："散席时，正在演说的王尔德，让我想起波德莱尔或维利耶。这场晚宴持续三个小时，席间他让我跟（斯图亚特）梅里尔和（保罗）瓦雷里喝酒，而在蒙玛特区的阿里斯蒂德·布吕昂的家中，则和马塞尔·斯沃布及一个老鸨喝酒。"在日期为 12 月 11 日和 12 日的日记上，他只写下了"王尔德"三个大字。圣诞节前夜，纪德写信给瓦雷里说："请原谅我杳无音信，因为王尔德，我简直就不存在了。"

关于安德烈·纪德的成长岁月，学者们已谈了许多，他们都着眼于 1891 年纪德与王尔德结伴度过的几个星期。王尔德懂得宗教及其神秘，并利用他懂得的东西，在企图使其年轻朋友"摒弃基督教化"和"摒弃教化"方面，他有不凡的能力——

---

① 儒勒·雷纳尔著，《日记》，巴黎，拉封出版社旧书系列丛书，1990 年，P87。

看来他取得了成功。从此以后，这个纪德就决不是原来的纪德了。①

后来，这个年轻人，这个新手企图从他的新朋友的说教中萃取精华本质。在一篇记叙他们谈话的回忆录中，纪德解释说："福音书骚扰和拷问王尔德这个异教徒，他不会原谅它的奇迹。异教徒的奇迹就是艺术作品；与基督教教义相抵触……"②

显然，因受到教育者的诱惑，安德烈·纪德在修炼自己，修炼的方式也是显而易见的。他已经准备让他正在等待的新娘知道，她不该对他抱太多期望。至于王尔德，在他们晚秋碰面之后，纪德就又有三年见不到他了。在纪德把这点写进回忆录时，人们似乎能听到他的扼腕叹息声。③

毋庸置疑，奥斯卡·王尔德逗留巴黎，给相当多与他接触过的人留下了持久的印象，而堪称幸运的是，其中许多人都留下了他们遭遇王尔德的详细描述。有个人就着力描写了一场款待杰出访客王尔德的晚宴。此君便是作家让·约瑟夫·雷诺，也是将《道连·格雷的画像》和随笔集《旨趣集》译成法文的译者。此时，康斯坦丝·劳埃德（现为奥斯卡·王尔德太太）已住在巴黎，雷诺置身康斯坦丝的亲戚宾客中。他当然觉察了

① 让·迪莱著，《安德烈·纪德的青年时代》，第 2 卷，巴黎，伽里玛德出版社，1954 年，P132～P144。
② 安德烈·纪德著，《纪念奥斯卡·王尔德》，巴黎，法兰西信使社，1910 年；1989 年再版，P14～P29。
③ 同上。

法国作家、诗人礼遇王尔德的这种方式，觉察到了法国新闻界是如何赞美他的。如今，他要就近看到这个大人物本身了。晚宴甫开，王尔德就让所有宾客足足等了一个小时。等他终于光临，但见"一个高高胖胖、不长唇髭的绅士，其趣味颇佳的着装、音乐般的嗓音及盯着人看时那纯蓝的带孩子气的目光，都使他有别于奥特尔赛马场的赌客。在他淡绿色的真丝领带上别着的一枚紫水晶闪闪发光；他的灰色服装，不够严肃，几近透明的地步，却显出了一双庄重的手。他在其外套的大翻领上别了一朵兰花。"他不注意女主人的介绍，咕咚一下坐进了安乐椅，这位嘉宾要劳埃德太太关闭饭厅的百叶窗，说他受不了日光。

　　一旦入席就座，宾客们又不得不受重新安排餐具之烦，因散布在台面上的鲜花是淡紫色的，这意味着会给他们的客人带来噩运。然后，主菜前的冷盘端了上来，一场侃侃而谈的独白开始了。

　　雷诺想到，多么令人失望啊！王尔德说起话来自命不凡；问人家问题却不等人家回答；或者相反，挑选宾客发问，"你绝没有见过鬼魂吧？……没有!! ……哎！而太太你确实见过吗？"等等，诸如引类的挑问自答。然后，他又降低嗓门，仿佛要披露什么秘事，而讲述的却是情节简单的故事，诸如一个青年渔夫的故事——说有个渔夫伪称每晚都看见了海妖，后来有一天，他真的看见了一个海妖，却未对任何人提及这事。让·约瑟夫·雷诺可能看出来了，这一类玩笑都已陈旧过时，今天的知识男女已不欣赏，相反……

最后，王尔德看出来了，他款待宾客的方式并不成功。于是，他将沙龙模式变换为咖啡馆模式，就法国人天赋的戏剧才能如何如何而解说了一番法国的外交政策，自顾自地作长篇演说。他以讲解法国历史来说明这个问题，这下，雷诺觉得演说者很了不起了。"这位转型的演说家，将展示其不凡的知识和才气。人物、数据、条约和战争均以无可置疑的观点加以阐述，准确鲜明，令人惊叹。在他演说的灵光之下，王尔德使得这些东西能闪闪发光，有如一个宝石商能够给珠宝创造出新的生气。"

有个人要求他描述贝肯斯菲尔德男爵和布雷辛顿夫人的沙龙，"在那里，一个未来的大部长而当年并不知名的犹太人迪斯雷利，优雅而不自卑地跟奥尔赛伯爵吵架。"于是乎，王尔德的听众又一次给迷住了。在说到布雷辛顿夫人不幸的爱情生活时，"他变得真像抒情诗人一般令人沉醉：他奇妙的嗓音如歌唱一般动听，渐渐变得悲天怜人，听上去宛如中世纪小提琴空谷足音般明丽而沉郁。此时此刻，这个英国人已到达艺术怪异派门前。他是以纯真达到的，胜过了极受尊崇的人性颂歌的表达力量。"[1]

这个来访的伦敦客同样也未忽视在巴黎的英国侨民。他必定要探访英国青年画家威廉姆·罗森斯坦（比他年轻 18 岁）。事实上，他似乎未经邀请就造访了罗森斯坦的画室。青年画家已经熟识了漫画上的王尔德（例如，讽刺杂志《笨拙》上所刊

---

[1] 让·约瑟夫·雷诺著，《王尔德〈旨趣集〉之序言》，巴黎，斯托克出版社，1905 年，第 8 节～12 节。

登的，画面上一个年轻人手持罂粟花和百合花在皮卡迪利大街上漫步）。多年后，罗森斯坦回忆道："在我看到一个高大而相当肉感的人时，令我大吃一惊，但见他穿着华丽，外面是罩衫式的外套，内里配的是红背心，其外貌对我并无吸引力。他的头发精心弄成波浪形，梳成中分式，这使其前额显得比本来的要低，鼻子倒是有模有样，但暗色的嘴唇和凹凸不平的牙齿却不美观；两颊肥胖，抵住了他成翼状突起的宽领子。他有一双胖乎乎的手，看上去一无用处，而所戴的大甲虫形的戒指则更加显得标新立异。"但是，罗森斯坦很快就叹服于他的谈吐，这有助于他忘记这个男人的实际模样……

年轻的罗森斯坦当然很高兴——他的新朋友赞赏他的作品。王尔德不仅赞叹，而且把他的作品推荐给诸如马塞尔·斯沃布等人及新范围的作家、诗人。尽管艺术家朋友中至少有一个人不信任奥斯卡·王尔德，但罗森斯坦认为：这不必担心，再说，对自己抱有好奇心的名人，王尔德能够告诉他许多故事，听来也是一种享受；另外，王尔德似乎理解自己以及自己正在干的工作。"……我还从未见过一个人能使我这样意识到自己身上的潜在才能。他具有同情人、理解人的品质，这种品质不能说成仅仅是逢迎，而且，他比任何一个人都看得更真切的是一个人应有的目标。"此外，这位青年画家还说明了王尔德的生活角色是合情合理的："画家展览他们的画作，诗人发表他们的诗歌，而一个演说家、谈话者为什么不该在兴之所至时安排好让人家听讲呢？就像别人绘画和写作一样，王尔德从事的就是谈话；谈话是他的艺术。"

罗森斯坦发现，王尔德对其年轻艺术家朋友的趣味是宽大为怀的。王尔德邀请他吃晚饭，而这位青年画家却带了一个漂亮模特一道来，该模特"天生秀色，但懒懒散散"。王尔德见画家带了一位女士来颇为吃惊，但他并没有少给大家添乐。

　　另外一件轶事是：威廉姆·罗森斯坦随同王尔德、斯图亚特·梅里尔以及罗伯特·夏拉德一道去红堡——一个邪恶罪人的庇护所，一块较阔绰的巴黎人乐于游览的地方。但那天玩得并不痛快，更因夏拉德老是不停地大呼小叫而弄得糟透了——他对任何一个干涉王尔德的人都大叫大嚷，以致人人都为干涉了王尔德而立刻连连抱歉。王尔德对夏拉德说："夏拉德，你可是在冒生命的危险来保卫我们。"[①]

　　这年秋访问巴黎期间，王尔德不准备拜访的巴黎人便是马拉美，而马拉美却不失时机地将这一点通报给王尔德的头号对手詹姆斯·麦克瑞尔·惠斯勒。马拉美当然知道，惠斯勒将会为 12 月 23 日他信中传达的这个消息感到高兴："关于奥斯卡·王尔德真够刺激的：我又一次没见他，不管你如何缺乏想象，当青年们邀请我出席有他在内的饭局时，我硬是两次未给面子。"尔后，马拉美又迅速转变了话题。

　　马拉美的抑制并未缓和惠斯勒很不连贯的反应的猛烈程度。"别提奥斯卡·王尔德——根本不要提！既然他追求忘恩负义已到了下流的地步——而他所有那些老故事——他竟敢作为新货

---

① 威廉姆·罗森斯坦著，《人物与回忆》，伦敦，查托－温达斯出版社，1978 年，P51～P53。

色提供给巴黎！……他手持百合花散步、他的宫廷仪式型的及膝短裤、他的粉红色的衬衫前襟——凡此种种，不一而足！哪里是满嘴的艺术，实在是淫秽猥亵，下场可悲。嗯，我们会看到的，你也会告诉我的……"①

　　但是，真到下场来临的时候，惠斯勒却发现，他觉得在讲述故事全本这方面，他处于更合适的地位，因为住在伦敦的正是他。

---

① 　马拉美、惠斯勒合著，前已引用《通信集》，P137～P140。

第七章　若即若离舞台

在（1892 年）元旦的日记中，安德烈·纪德平静地抱怨："王尔德只伤害了我，我是这样想的。由于受到伤害，我没有学会思考。在喜怒哀乐上，我有很大的改变，但我不再去把情绪理得妥妥帖帖。首先，我可能不再信奉他人的结论了。

"创意还是有一些。但是，我的笨拙使我失去了新鲜观念。我现在回到我的人生哲学的经历上来，虽然艰难，却有莫大的喜悦，在这方面，我要研究语言问题……"

他的内心独白告诉我们，纪德的生活被改变到什么程度，从想象中的爱到坦白的肉体关系，而对此，他并未准备好，到目前为止还没有。

而在纪德的朋友这方面，王尔德则在访问巴黎几个星期那令人兴奋的境地里继续行进。在这段时间里，他已被那个城市及他仰慕的那种文化中的作家、艺术家接纳为他们之中的一员。

整顿内务，恢复秩序的时候到了。首先，他必须完成《莎乐美》剧本的原稿，就是说，既要完成经法语高手校订、加注及润色的法文文本，又要完成供伦敦演出用的译成其母语英语的"译本"。

为达到这些目标，他一如既往地干开了：他从社交界退身而出；这一次，他的藏身之地有点怪——托基镇。这是个不算大的海峡度假胜地，位于德文郡的海岸边。王尔德在此找了一间安静农舍供日常写作之用，而康斯坦丝和他们的孩子们决定把一所俯瞰大海、叫做巴巴库姆悬崖的大房子作为临时寓所，屋主是康斯坦丝的远亲芒特·坦帕尔夫人。[①]

我们还能设想，王尔德花了一些时间在一个剧本上，这个剧本应该会奠定他作为一个剧作家的声誉：《温德梅尔夫人的扇子》。该剧实际上已有了出品人和上演剧院，而且很快（1892年2月）就投入了首演之前的彩排。在开始进行英国内地的巡演之前，《温德梅尔夫人的扇子》在伦敦仍然吸引观众，而英语版的《莎乐美》也在伦敦开始彩排，不过，该剧在英国的消息可不是那样好。

起初，《莎乐美》一剧似乎有种种机会取得历史性成功。领衔主演的当然是大明星莎娜·伯瑞哈特，而且该剧是在著名的伦敦水晶宫剧院首演。

结局是荒谬的——荒谬得不可喜，而是可悲。长期以来，英国舞台都受到检查官的密切监视，张伯伦爵士就是负责监管

---

① 巴巴库姆悬崖的故事，海德著，前已引用《奥斯卡·王尔德》，P187~P188。

剧院演员的行为和剧本是否符合现存法律的。其中一部法律还是从 17 世纪新教改革时代就严格施行的，显然是企图废除旧教的神秘戏剧，国会早就禁止在舞台出现描写《圣经》人物的戏剧。过去几个世纪以来，没有一个人操心废除这部法律，而张伯伦手下的官员仍然热衷实施这部法律。他们毫不犹豫地禁演奥斯卡·王尔德的《莎乐美》，而决不在乎莎娜·伯瑞哈特或水晶宫剧院这一方，以及准备补缺的旁观者。

王尔德愤怒地作出了反应。新闻界引述他的话说："如果检查官拒绝《莎乐美》，我就离开英国，并在法国安家，在那里我将拿到归化证书。"在接受巴黎《高卢人日报》采访时，他提出，这部老法律也使得英国听众不可能听到卡米尔·圣·桑的《参孙与达丽拉》。他强调说，他准备搬到另外一个国家去，"一个我接受已久的新国度。你看，只有一个巴黎，而巴黎便是法国；巴黎是艺术家的城市，或者，我能够直率地说：巴黎是座艺术之城"。

"我崇拜巴黎。我也崇拜你们可爱的法语，法语与希腊语是两门伟大的语言，至少我觉得如此。"他承认，在其新剧本中，他利用"某些短语，某些表达，而这都是法国作家不去使用的；而一些新颖的语言能够显现出一种风格的精彩……"

"在这里（伦敦），不幸的是，随处可见反艺术心情，到处可遇到心地狭窄……"

在个人通讯中，王尔德特别提到，在英国，所有的艺术都是自由的，只有舞台除外。他还注意到，没有任何一个英国演员会对禁演《莎乐美》而费心提出异议。[1]

对于剧作家奥斯卡·王尔德而言，1892年是吊诡的一年。这一年是他特别多产的一年，却又成了他空闲的一年。他已经开发了一个男性朋友的圈子，其中既有上流人，也有花钱召来的男孩子。对于跟这个男性性伙伴圈子里的成员幽会，王尔德日益放松，甚至可以说满不在乎了。

如今，王尔德跟一个很年轻的金发白肤的青年的关系渐渐变得更热烈，这个青年的名字是阿尔弗雷德·道格拉斯爵士。他们是1891年初夏会面的，一年之后他们就亲热起来了，分享着秘密。例如，1892年7月，为遵守"严格养生术"，王尔德去了一个著名的法国温泉疗养地旅行，却对别人谎称他"病重"。事实上，他是与道格拉斯分享头等的休假住宿地，共度良宵。道格拉斯现在是，并将继续是他的"男孩"，直到一些会瓦解继而毁灭王尔德职业生涯的大事发生。

在跟道格拉斯度假之后，王尔德重又返回工作，在乡村环境中度过了两个月，写他的另外一个剧本：《无足轻重的女人》。另一个剧本，另一种情节，涉及到上层阶级的狂欢聚会和胡作非为，进一步的成功也要降临（该剧计划在1893年4月上演）。

如果我们能够相信私人日记的所载日期，那么，就有证据表明，在1892年4月间，王尔德还有另外的巴黎之行，一次并非未被记录的访问。在日期为4月7日的日记中，儒勒·雷纳

---

① 海德著，前已引用《奥斯卡·王尔德》，P178～P179；莫里斯·西斯利著，《奥斯卡·王尔德先生的莎乐美》，《高卢人报》头版，1892年6月29日。

尔记叙道："吃午饭时，奥斯卡·王尔德位于我旁边。他有英国人的独创性。他在给人敬烟时，却由他自己挑选一支。他并不围着桌子走动，却妨碍全桌的人。他的面容给小小的红色斑点毁坏了，一嘴牙齿长长的……他身形高大，携带一根粗大的手杖。"在这位来访者的言谈中，雷纳尔记下了他认为令人吃惊的一则："巴雷斯真是长得丑。我还没见到过什么东西有那样丑陋。"

然后，我们还是来说那个叫皮埃尔·路易斯的人，离开巴黎去访问伦敦。这个年方22岁身形细长的青年，其诗歌只是现在才有人问津（业已结集成一册《阿斯塔特》），他给自己放了一个月的假，既为提高自己本已不错的英语能力，又可跟自己钦佩并希望仿效的朋友奥斯卡·王尔德共度时光。他想，至少在自己高兴从事的诗歌领域可以模仿王尔德。尽管忙于英语版《莎乐美》开演前的最后准备，王尔德还是慷慨地拿出时间，把他介绍给男女朋友，尤其重要的是介绍给女演员。

女演员之中的一位是莎娜·伯瑞哈特。这个年轻人受到友好欢迎，大为感动。她要求道："你是一位诗人？那就为我写个剧本吧！"

人们可以相信，在撰写"一个名为《克莱西斯》（译注：希腊神话中一美女）散文加诗歌三幕剧本的剧情说明书的工作上，路易斯是不会耽搁的"。据传说，为伟大的莎娜写一个剧本，他会如此专心致志，以至于手稿的结尾，他写出来的竟然不是"克莱西斯之死"，而是"莎娜之死"。实际上，从来就没有过这个剧本，其作者最后还是改写成了长篇小说，4年之后以

《埃芙罗黛蒂》之名出版，从而保证了其作者在文学史上的地位。[①]

到 1892 年秋天，尽管工作负担越来越重，但王尔德却以自己的方式组织起了特别多样化的社交生活。阿尔弗雷德·道格拉斯（往往不称"爵士"，而更多称其为"波茜"）已经成了王尔德"自己的男孩"，而且是个永久的同伴。但是，这"两口子"之中的年长者也发现了，对于他自己那一帮看上去要流失的青年人，必须收紧纽带以继续保持关系，他们中的一些人是名门望族的后裔，且有可能导致发迹的差使。另外一些青年人则已经不再有交往了。看来，这帮人的一个共同点就是都喜爱同性，或者都容忍同性恋，而且，他们都乐于成为这个圈子的一部分。要晓得，这个圈子的主导者是像奥斯卡·王尔德这样多彩多姿的名人，再说，还可得到他的小礼物，受到慷慨的款待。他们的相会往往在奢侈的酒吧或餐厅；有时候，王尔德会订舒适的宾馆房间来接待新朋友，通常是一次一位，而且过夜……

奇怪的是，在 1892 年秋末未告知的一次巴黎之行中，他不在其好男孩中选人做伴，而是带上了一个坏男孩弗雷德·艾金斯。艾金斯受雇于一家台球馆，也充当以赌为业者的偶尔为之的助理。艾金斯能见机行事，懂得好好安排，遂作为王尔德的助理去旅行……王尔德本人则表面上是去巴黎安排法文版《莎

---

① 让·保罗·古戎著，《皮埃尔·路易斯》，巴黎，费雅出版社，2002 年，P190~P193。

乐美》的出版。他们计划下榻于王尔德喜欢的嘉布欣大道 29 号的公寓旅馆，分享一个双卧室的套间。

在 1895 年王尔德案审判时（此为第二次开审，是审理王尔德诉阿尔弗雷德·道格拉斯之父诽谤案），艾金斯就这次访问巴黎出庭提供证词称，在访问巴黎期间，王尔德试图劝阻他不要去红堡酒馆，因为"女人是年轻人的祸根"，但是，艾金斯还是去了。在他回到旅馆时，却发现王尔德跟另外一个青年莫里斯·斯瓦布在床上，此人碰巧是英国副检察长的侄子……

因此，艾金斯便到另一间卧室去睡。后来，王尔德进来谈论红堡酒馆的事，而当王尔德问是否能上艾金斯的床时，这个青年回答说，确实到了该起床的时间了。他们终于分手时，艾金斯得到了钱和一个银烟盒，是那种王尔德给青年朋友的常备礼物（在王尔德案审判证言中，艾金斯特别提到，该旅馆侍者看到了他跟王尔德睡一床）。[①]

这么说，我们就难以跟踪奥斯卡·王尔德短暂的海峡之旅，也就是我们今天所谓的"小旅行"了。这种旅行的车船费用并未改变，但是从维多利亚车站经多佛尔—加莱路线到巴黎所费时间却减少了 1 个小时或 1 小时 10 分钟。这时候，王尔德开始由剧本写作而大赚其钱了，能够负担得起这类旅行，不论是去谈业务，还是去寻欢作乐。在这种距离上，我们不可能确切指出，两种目的（业务和寻欢）的哪一种驱动了任何特定的海峡之旅。显而易见的是，赴法之旅，不论是出于借口或实情，对

---

① 海德著，前已引用《奥斯卡·王尔德》，P187，P315～P316。

王尔德来说，都是一种享受。

他的私生活由此就一分为二了：一边是与波茜风流快活，一边是跟这个那个青年的偶然遭遇（这班人往往属于"租来的男孩"之列）。向道格拉斯罗曼蒂克求爱的热烈程度，可由王尔德于1893年初致他的情书中表露出来，其时，王尔德显然是在德文郡海岸度假中："我自己的男孩，你的短诗十分可爱，而令人叹为奇葩的是你红玫瑰花瓣似的双唇，上帝造它，是为了疯狂的接吻，同样是为了动听的音乐……我认出海厄辛塞斯，这个阿波罗如此疯狂爱上的美少年，他就是古希腊时代的你……至死不渝的奥斯卡。"[1]

2月里，原创法文版《莎乐美》终于出书，既在伦敦也在巴黎出版（英国出版商只是从巴黎出版商那里订购这本书，而附上其版本说明）。从作者那里收到该书的赠阅本时，皮埃尔·路易斯发现，该书致"我的朋友"的题词是印好在封面勒口上的。不知怎么的，一个每位读者都能读到的题词并不使路易斯高兴，尽管这个爱与女人交际的年轻男人，还没有以任何别的方式表达他对王尔德明显同性恋的不悦。然而，现在，他的确意识到了王尔德的朋友、情人圈子的性质，人们看到自己的名字被这位作家列入了所挑选的读者之列，他何止是惶恐不安啊，因为他能想象人们会说些什么。而王尔德却责备路易斯说："我赠阅了书的这些读者，都因我的题词而写来了多姿多彩情感动人的信。而唯有你，我以紫金色写下大名的人，却无片言

---

[1] 前已引用《奥斯卡·王尔德书信全集》，P544。

只字……"

这些动人来信中的一个范例是马拉美的来信:

我亲爱的诗人:

　　拜读毕大作《莎乐美》,一个令我艳美的事实是,通篇都是才气焕发的笔致,每一页都在提示一个难解难析之梦。

　　　　　　您的朋友　斯蒂凡·马拉美

这一次,王尔德邀了一个不同的青年人(其姓名为西德尼·马福尔)去巴黎,事属偶然,然而,当王尔德被交付审判后,这事就有点名堂了。

1893 年 2 月 23 日,王尔德不在英国时,伦敦的《泰晤士报》发表了一篇尖刻的批评文章,责难法文版《莎乐美》。评论者写道:"这是一个剧本,是为莎娜·伯瑞哈特女士而写的,张伯伦爵士谢绝发给演出许可证,全剧交织着鲜血与残忍,病态离奇,令人作呕。在颠倒神圣的情况下改写《圣经》用语,是十足的冒犯。"王尔德返回伦敦时,有人给他看了这篇评论,他立即命笔回应:"英国批评界对我一本法文著作的看法,本人不免有兴趣,不过,即使有,也就只有那么一点点。"但王尔德希望纠正误解:

"事实是,在我的剧本中,任何在世的伟大舞台悲剧女演员都看见了如此之美,以至都迫不及待地要出演,要扮演剧中的女主角,并要以其迷人的个性给全剧增添诗情画意,以其银笛般嗓音赋予我的散文以音乐之优美。这自然是，并将永远是自豪与欣赏的源泉，而我高兴地期盼看到伯瑞哈特女士在巴黎，在这个生气四溢的艺术中心出演我的剧本，巴黎是经常上演宗教戏剧的。但是，我的剧本决没有任何台词是为这位伟大的女演员写的。我决没有为任何男、女演员写过剧本，今后任何时候也不会这样做。这种作品是文学工匠之作，而不是艺术家的手笔。"①

与此同时，皮埃尔·路易斯于初春返伦敦作短期逗留，其总目的是要出席4月19日之夜《无足轻重的女人》的首演。剧本创作已竭尽全力以使他的巴黎朋友高兴，还事先安排好路易斯坐在特等座的前排（二楼）；王尔德有意把路易斯安排坐在他的伦敦出版商约翰·莱恩旁边。（王尔德还写信给莱恩道："拜托您自我介绍给他，他是一位优秀的英语专家。"）②

但是，这次访问伦敦，路易斯并不仅仅是来看演戏，他还在密切注视奥斯卡·王尔德；而在奥斯卡·王尔德这方面，却几乎不企图隐瞒他的私生活——实际上，王尔德的私生活正越来越变得很公开了。这个大年轻人已经让安德烈·纪德感到吃惊了。在路易斯修改《莎乐美》的校样时，安德烈·纪德来拜访过他。他们谈话的详细情形没有保存下来，但纪德显然是受了蛊惑，大概隐瞒不了对王尔德着了魔。在他们见面以后，路易斯写信给一位朋友说："纪德给我说了一些王尔德不光彩的

① 前已引用《奥斯卡·王尔德书信全集》，P558~P559。此信发表于1893年3月2日。

② 古戎著，前已引用《皮埃尔·路易斯》，P212；前已引用《奥斯卡·王尔德书信全集》，P561。

事，真是太令人作呕了；我会给王尔德写一封厉害的信。"

莫非路易斯也落入了着魔的境地？因为，他对其东道主未表示任何敌意，至今还没有。可以想象得到，令他感到惊异的不仅是王尔德与其"租来的男孩"乱交，而且还有与阿尔弗雷德·道格拉斯（波茜）爵士的同性恋。但是，如果情况真是这样，路易斯让自己置身于这些错综复杂、令人讨厌（在他看来）的私通漩涡中心，岂不是太不凑巧了吗？因为，他就要得到一封浪漫得肉麻的情书，是王尔德写给（"我自己的男孩"）阿尔弗雷德·道格拉斯的。这封信被盗过，且最后有人企图用来敲诈王尔德。而就是这封信，路易斯把它翻译成一首短诗。人们会以为，是王尔德乞求路易斯，请他将一封英文情书翻译成法语诗，以便减轻散文原作发表所产生的伤害。这首短诗很快在牛津大学大学部的学生刊物《精神火炬》上发表了，而该刊编辑正是道格拉斯。这首诗的标题是："奥斯卡·王尔德先生致一位朋友的有诗意的散文信，由一位名不见经传的诗人译为韵律散文。"

故事到此并未结束。这封信及其诗歌版又出现在奥斯卡·王尔德审判法庭上，致使皮埃尔·路易斯更是度过了多个不眠之夜。与此同时，路易斯在给他的唯一的心腹之人，其兄弟乔治的信中表述了自己的为难之处："奥斯卡·王尔德让我着迷。几乎每一天，我都跟他一起出席午餐会，而我比较喜欢他介绍我认识其他宾客。"在另外一封信里，他写道："伦敦是迷人的，但我是在一个令我有点惶恐不安的人群中。"实际上，他受邀去拜访王尔德，而地点却在伦敦优雅的河滨街萨伏伊宾馆的客房里，这正是王尔德与阿尔弗雷德·道格拉斯分享的"闺房"——王尔德与其情人用一张双人床（备有两个枕头）。在路易斯还在王尔德房间时，王尔德的妻子来递交其邮件给他，一边抹着眼泪。后来，王尔德给路易斯解释说："我一生结了三次婚，一次是跟女人，两次是跟男人。"

返回巴黎后，路易斯不失时机把所见所闻都告诉了其作家朋友亨利·雷尼耶，而这位朋友又把这一切告诉了埃德蒙德·龚古尔，此后，这些事儿也就成了文学史的一个内容。在把这些事儿全都记入日记之后，龚古尔还是忍不住要添加点感悟："正如我所言，像（王尔德）这样逐字抄袭的剽窃者多得很，说到一个男人，他的鸡奸肯定是抄袭魏尔伦的，都德同意我的看法。"他还补充说："（王尔德）老是对魏尔伦赞不绝口。"①

皮埃尔·路易斯的确能够证明，他跟奥斯卡·王尔德决裂是有道理的。他们做过朋友，如今再也不是了；两者都不拥有任何对对方有价值的东西了。阿尔弗雷德·道格拉斯讨厌路易斯易于理解。不大好理解的是，为什么路易斯会认为，他可以劝说王尔德与道格拉斯断绝关系。

后来，王尔德在牢中获准写信时所写的一封罕见的信中告诉一位朋友，他们的关系是如何结束了的。这封信写于1896年9月，其时，路易斯因出版《贝利蒂斯歌谣集》而声名鹊起，继而因其长篇小说《埃芙罗黛蒂》更是声名大噪。王尔德写道：

---

① H. P. 克利夫著，《皮埃尔·路易斯和奥斯卡·王尔德》，《比较文学杂志》，1969 年 7 月 ~9 月号，P353 ~P384；古戎著，前已引用《皮埃尔·路易斯》，P212 ~P214；龚古尔著，《埃德蒙德·龚古尔日记》，第 19 则，1893 年 4 月，P107。

"皮埃尔·路易斯为他自己赢得了巨大声望，我是如此高兴。他是个最有教养的人，优雅而和善。三年前他就告诉我，必须在我和他的友谊与我跟阿（尔弗雷德）·道（格拉斯）命中注定的关系之间作出选择。自不待言，我立即选择了那个天性卑贱、智力低下的人。我踏入了怎么一种疯狂的泥沼啊！……"①

　　看来，事情主要还在于年轻的皮埃尔·路易斯（时年23岁，而王尔德为39岁），他与他的这位爱尔兰朋友的决裂实属正常。他们最后一次见面发生在1893年5月底，地点是在歌剧院大街上的杜斯蒙德宾馆。路易斯记得，对他正式的最后通牒，王尔德干脆回答道："你认为我有一些朋友。我只有情人。再见。"但后来，在法属阿尔及利亚偶然遇到王尔德时，纪德听到的却是另外版本的破裂。"在旅馆客房里，他开始对我说决裂的事，还指责我……而我则对他说，我认为他无权批评我……因此，路易斯说，在那种情况下，他除了离开我别无他途。而我忧伤地看着他离去，因为我是很喜欢皮埃尔·路易斯的，正是因为那个原因，也只有那个原因，他的责备才使我这样痛苦。但是，因为我觉得我们之间的恩恩怨怨全都过去了，便对他说，'再会吧，皮埃尔·路易斯。我想要一位朋友，但从现在起，我就只有情人了。'"②

　　与此同时，王尔德有两个成功的剧本为他赢得了荣誉，于

_____

① 前已引用《奥斯卡·王尔德书信全集》，P666。
② 安德烈·纪德著，《如果种子不死》，巴黎，法国读书俱乐部，P263～P275。

是便有了想放慢工作步伐的诱惑，他想好好地享受生活了。许许多多的伦敦人只认识高级、优雅场所的奥斯卡·王尔德——诸如泰晤士河畔萨伏伊宾馆的饭厅里、凯特瑞尔旅馆的豪华餐厅或皮卡迪利优雅的皇家咖啡馆，这些地方都是王尔德留连之地。不过，王尔德还是坚持创作或构思作品。我们知道，此时他有一部作品正在创作中，这是一部奇异的戏剧作品，只能出自他的头脑；我们也知道其剧名为《圣洁的交际花》。显然，几年前他就在酝酿这个故事，一次又一次地谈给朋友们听，且每次都改变故事名称。至于该剧定稿的手稿本，其作者声称，1897年遗失在巴黎的出租马车上了。或许，有朝一日该手稿会出现在跳蚤市场上吧。

所幸的是，一位优秀的王尔德传记作者能够摘取情节，给后人提供一个可信的版本，其情节来自一位剧院经理，而该经理则是从王尔德本人那里听来的。

所谈论的这位交际花，实际上是一位公主，有人告诉这位国王的女儿一个关于"可敬勇士"的事。这位英俊青年孤身一人住在一个洞穴里，以便保持贞节，远离诱惑。但是，国王的女儿不相信世上竟然存在能抵挡其魅力的男人；是的，还没有过一个男人能抗拒她。因此，她离开了城市，走进了荒野，去寻找这位圣人。她站在洞穴入口呼唤这个隐士，当他终于回应时，她赶紧向隐士解释她的希望。这位伟大国王的女儿希望把隐士带到亚历山大城，在那里他会成为王子。隐士回答道，世上只有一个国王，他已死于十字架上；唯一真正的爱就是上帝之爱。他谴责人类的肉体、尘世的美丽、人类的情欲……

但是，他怜惜国王美丽的女儿，催促她放下心中的重担，抛开罪孽的生活……从此过上上帝仆人的生活，而上帝正是为她而死的。尔后，她告诉这位隐士，直到现在她都过的是放纵的生活，甚至使得男人们为她而死……她又说，但是现在，在听了圣人的良言之后，她准备抛弃奢华的充满情欲的生活。

与此同时，在她说话时，圣人开始默默注视洞穴外的生活，这是他失之交臂的生活；他断定，不去体验人们所牺牲的愉悦，也就无所谓基督的献身了。于是，他想要这位青年女子的身体，便说道，他将跟她去亚历山大城，他们将一起体验"七大罪"（译注：指骄傲、贪婪、情欲、愤怒、暴饮暴食、嫉妒、懒惰，犯此等罪者即下地狱）。但是，不成！她对隐士的讲道已经深信不疑了；她从此要留在这个洞穴里。于是，这位已变成圣人的交际花就这样看着他离开。

这就是《圣洁的交际花》的故事梗概。这个戏剧故事的标题用的是法文，这是不是暗示全剧是用法文写的呢？（不过，正文中的一些页码的草稿用的却是英文）把这个故事讲给该剧潜在的出品人听的时候，王尔德还往往会添加一个"后记"："我要抱歉地说，她死于饥饿。我担心，他死于放荡。那就是努力使人皈依的后果。"①

---

① 皮尔森著，前已引用《奥斯卡·王尔德》，P211～P212。皮尔森从剧院经理赫伯特·特里处得到这个故事。

第八章　喜剧和戏剧

　　自从奥斯卡·王尔德和罗伯特·夏拉德在同一时间待在同一城市，一些年过去了。他们打算在 1894 年重新相会，而夏拉德却有一种要见一个陌生人的感觉；他把这点归因于陶醉于成功。在同一时间，发生了许多丑恶传闻……然而，王尔德对他们共同的朋友皮埃尔·路易斯的愤怒使夏拉德深感震撼，路易斯已经决定跟王尔德断绝一切关系。夏拉德在震撼之余，又觉得困惑不解。

　　夏拉德打算由路易斯本人得到某种解释，而路易斯则告诉夏拉德，尽管他本人从没有在王尔德的行为上见过什么事，可证明流言有道理，但这些风言风语如今在巴黎被认真看待了，因此，为维护自己的尊严，路易斯应该跟王尔德保持距离……对这一切，王尔德没有办法，只能对夏拉德慨叹："我多么希望会使用武器呀，这样，我就能给那些家伙以应得的惩罚。"夏拉德则乞求路易斯不要根据自己都不相信的流言而抛弃王尔德，但是，路易斯则坦言回答，就他个人而言，他是有抱负的，不能够不明智地受到连累。

夏拉德是个没有什么头脑的人，他个人觉得，大量的问题都跟王尔德的服装趣味有关。法国人自有他们看事物的方式，而王尔德却穿着"华丽的毛皮外套"。但是，巴黎的上流人士绝不会穿这种东西。须知，毛皮外套"是牙医、歌剧演员的特色服装，法国上流社会是不喜欢跟这类人交往的"。王尔德养成了一种"新阔佬"的眼光，这就给拨弄是非者提供了反对他的武器。

接着，在1894年圣诞节，夏拉德跟王尔德相会于伦敦，"他脸上的精神美业已消失，却渗出勃发的肉欲"。正如美国人所说的，他有一颗肿大的脑袋。[1]

同样，一些明显的征兆表明，王尔德的怒气并不专门指向传播流言的人。他"自己的男孩"阿尔弗雷德·道格拉斯对他的时间、对他这个人的需求，已变得每天都难以忍受。在乡下共同生活约两周之后，1893年夏天期间，王尔德不再能够维持原状了，道格拉斯浅薄的头脑和陈腐的谈吐都令他受不了，因此，他简直想消失不见——逃离这个地方。他选择在黛纳德休假两星期，这个地方因英国度假者光顾已经由布列塔尼地区的一个小渔村而变成了一个宜人的度假胜地，有舒适的别墅、大旅社和优雅的餐厅。在返回法国途中，他在泽西岛逗留下来，

---

① 夏拉德著，前已引用《奥斯卡·王尔德：不幸友谊的故事》，P113～P116。

以出席《无足轻重的女人》的演出，当时，该剧正在岛上的皇家剧院上演。

那一年12月，当道格拉斯在开罗时，王尔德又一次逃离了。他苦心留下一个假地址，并漠视波茜从埃及发来的绝望信件和电报。波茜抵达巴黎时，又给王尔德发去了电报，似乎威胁他要自杀。到了这步田地，王尔德才同意见他。"使他不要妨碍我的生活，是我的生活目标之一。"在后来由监狱发出的一封信中，王尔德这样向一位朋友保证。但是，就在圣诞节前不久，他在写给波茜的信中告诉这个年轻人说："认识到我们还是朋友，真令人高兴；我们的爱情已穿过了疏离、伤心之夜，又出落得有如当初的加冕玫瑰花冠。让我们相亲相爱，至死不渝，而实际上，我们从来都是相亲相爱的。"①

然而，人们都在注意后来的情况。1894年是王尔德职业生涯的奖赏之年（他那时正在写《不可儿戏》，该剧使他声名鹊起，且在他英年早逝之后盛名历久不衰）。这一年碰巧是这么一个年头——其时，社会上重要人物已不大被热情所蒙蔽，而王尔德却不大可能对将要发生的事有所察觉，更不要说投入战斗以自保了。阿尔弗雷德·道格拉斯的父亲，那位好斗的昆斯伯瑞侯爵此时已十分明白王尔德与其子的关系。昆斯伯瑞侯爵不仅亲自对王尔德，而且对年轻的阿尔弗雷德也发出了威胁。巴黎文学界已有越来越多的佼佼者觉察了这种情况，且予以非难，伦敦也有许许多多的名人对此予以指摘。

---

① 前已引用《奥斯卡·王尔德书信全集》，P577，P795。

因有《埃德蒙德·龚古尔日记》的无情记载，我们能够旁听到诗人让·罗兰家午餐会上的一场谈话，宾客中不仅包括弗勒里伯爵夫人，还有莫里斯·巴雷斯。正是这位伯爵夫人提起奥斯卡·王尔德这个话题。伯爵夫人宣称，王尔德是"我所见过的最有才气的英国人"。此言一出，座中嘘声四起。这就促使她坦言，那可能是因为"王尔德无论到哪里都自有魅力只对一个人说话，而她总是所选之人，因而能听到他讲迷人的故事"。此时，罗兰猝然插言道："但是，翻来覆去说同样事的次数，没有一个人有他那样多！"

伯爵夫人应声道："哎哟！我才见过他 6 次。那我要避免第 7 次见他了！"[①]

奥斯卡·王尔德生就是个剧院人，他的职业生涯与四部戏剧息息相关，其中每一部都上了舞台，经常重演且出口到其他国家并译成其他语言，一次又一次地出版。这四部戏在 3 年的时间里全上了伦敦的舞台（他的舞台）：《温德梅尔夫人的扇子》于 1892 年 2 月，《无足轻重的女人》于 1893 年 4 月，《理想丈夫》于 1895 年元月，《不可儿戏》于 1895 年 2 月。王尔德还写了短篇故事和随笔，并结集出版，而唯一的迷人长篇小说《道连·格雷的画像》则出版于 1891 年，标志着他"崭露头角"。

但是，为英国观众用英语写就的剧本才是保证作者生计的

---

① 龚古尔著，《埃德蒙德·龚古尔日记》第 20 则，P69。

东西，而且使得他有可能过上奢侈的生活（至少，他的朋友和对头都这样想，并足以让他生活在公众的目光之下，而公众是能够改变其信任的）。

1892 年 2 月，《温德梅尔夫人的扇子》被首次搬上舞台时，王尔德年仅 37 岁；《不可儿戏》首次舞台亮相他时年 40 岁，长达一个世纪以至更长时间的公众追捧开始了（包括改编成电影）。然而，每一部戏未必都有一个故事，但是，剧中的隽言妙语和格言警句却能紧紧抓住观众，令他们觉得是一种享受，而且，能够记在心头。例如，"我的经验是，人一老得足以懂得更多，却根本上什么也不懂。""把人分为好人与坏人是荒谬的。人，不是魅力四射，就是沉闷乏味的。""每当人们赞成我，我总是觉得我肯定错了。"（以上出自《温德梅尔夫人的扇子》）又比如："人们决不应该相信一个说出了自己的真实年龄的女人。一个女人对人道出自己的真实年龄，那她就什么事都可道之于人了。""我不喜欢伦敦的晚宴。——我敬慕他们。聪明人决不聆听，而愚蠢者决不说话。""一个人有生以来，世人都未闻其名，那就足以表明这个人眼下也不怎么样。""我担心，我们的教育受照顾太多。如今，精心育人是个大弊端。它把如此之多的人关在门外。"（以上出自《无足轻重的女人》）

1895 年元月初，《理想丈夫》在伦敦上演，这一年是王尔德的"惊天动地年"，该剧首演就出了名（首演之夜威尔士亲王亲临观看）。《理想丈夫》的台词有如下隽言妙语："没有什么事会像变得太现代这样危险。人们易于突然变得老派。""我受不了你们英国式连续数日的宴会。在英格兰，人们实际上都是努力在早餐时口吐莲花、才气焕发的。那些宾客真的糟透了！只有愚才才在早餐时侃侃而谈。""上帝希望惩罚我们时，才回应我们的祈祷。""伦敦有一半漂亮女人吸烟。我个人比较喜欢另一半……我个人从来不吸烟。我的裁缝不喜欢人家抽烟，而女人的首要职责就是对其裁缝负责，对吧？她们的第二职责是什么，还没有一个人发现。"

最后，我们要说说《不可儿戏》。这部戏于 2 月中旬上演，它无疑是王尔德的幽默杰作。此后不到一个月，毁灭他职业生涯的法律诉讼程序开始了。转眼间，上演《理想丈夫》和《不可儿戏》的剧院就从海报上撤掉了剧本作者的名字；此后不久，这两部戏便停演了。

在《不可儿戏》中有诸如下述的隽言妙语："在城里时，一个人可自娱自乐；在乡下时，他就娱乐别人。""失去双亲中的一位……可算做倒霉；双亲都失去了，则看上去像是无忧无虑。""跟一个相识十分短暂的人分离总是痛苦的。跟老朋友离别，尚可靠镇定来挺住，而跟一个刚被介绍的人哪怕只是片刻的分离却几乎难以忍受。""没有一个女人曾经对其年龄应该有个十分准确的说法。这看上去蛮有心计。""整个现代教育理论基本上是不健全的。无论如何，好在英国的教育没有产生无论什么样的效应。如果有影响的话，那就会证明英国教育对上层阶级有严重影响，且大概会导致格罗夫纳广场的暴力行为。"

如果外部环境是其他样子的话，这位作家本当会发财致富，且富而不衰。谁能想象奥斯卡·王尔德这部戏的剧情呢？

第九章　一段阿尔及利亚插曲

在法国殖民的年代里，常有人去北非旅游观光。我们没有必要去探求人们旅游北非时的性猎奇。在欧洲冬日里，人们可能只不过想寻求一个避寒的去处。安德烈·纪德常为呼吸道的疾病所苦，希望找个气候干燥的地方缓解病痛。一年多点儿之前，他有过一次法属阿尔及利亚之行，做伴的是小他一岁的画家保罗-阿尔伯特·劳伦斯。两个朋友从突尼斯出发经陆路旅行，在比斯开拉停留下来，此地宏大的绿洲对大胆的旅行者是个有吸引力的去处。纪德很快就得知了该地的一个传统——该地的年轻姑娘都当妓女，直到赚够了买嫁妆的钱为止。他多少有义务跟姆贝尔上床，而令他惊讶的是，一切都进行得很不错，尽管他自己也知道，那是因为他一直在想着这姑娘的弟弟。

不久后，纪德的母亲加入到在比斯开拉的朋友之中；母亲发现，安德烈在他的房间里接待一位年轻女士，以至于不再来看她……但这种情况不可能帮助决定安德烈的性宿命（他的一个传记作者暗示过的）。①

此时，1895 年 1 月，纪德又返回阿尔及利亚。这一次，有如他后来所回忆的，他"为愁苦所驱动，与其说是去追寻新天地，不如说是去找一个孤身独居处"。他从阿尔及尔一路旅行去布里达，在布里达离开所住旅店时，他在列写投宿旅客姓名的黑板上看到了奥斯卡·王尔德的名字。纪德立刻从留有离店旅客名单的黑板上擦掉了自己的名字——但是，他马上后悔自己的卑怯。因此，他又折回去迎接自己的老朋友了。在短暂邂逅又分手后，他已有 3 年没见过王尔德，而这个王尔德已是一个不同的人了。"令人觉得他看起来不大松弛，笑声也有点刺耳，说笑间有股怒气。他似乎更确定要寻欢作乐，同时更少为案件审理而焦虑。他气壮如牛，夸大其词，毫无羞耻心。这个足够陌生的人不再谈论寓言写作，在我们共同度过的几天里，我没能够从他口中套出一星半点文学故事来。"

他在寻求快活。他为什么到阿尔及利亚来。肯定是"逃避艺术工作。我现在独自崇拜太阳……你注意到了太阳厌恶思想吗？"同样，纪德探查出了某种不祥。"受灾星牵引……人家迈向责任之时，他却走进了寻欢作乐。"②

纪德顿悟了，王尔德这次旅行有阿尔弗雷德·道格拉斯（波茜）做伴。纪德没有接受他们的饭局邀请，却在后来跟他们

① 让·迪莱著，《安德烈·纪德的青年时代》第 2 卷，P300～P305。
② 安德烈·纪德著，《纪念奥斯卡·王尔德》，巴黎，法兰西信使社，1910 年；1989 年再版。P28～P30。

一道游览了这个市镇，导游被斥为"下贱的皮条客"。王尔德告诉这个男人，他们希望见到"像青铜塑像一般英俊"的阿拉伯人。道格拉斯在一旁对纪德吐露心迹："这些导游是笨蛋。不管你怎么多地竭力向他们解释，他们总是把你带到女人成堆的咖啡馆。我希望你像我，女人让我恐惧。我只喜欢男孩子。因为你今晚跟我们一起来，我就要现在告诉你……"纪德发现道格拉斯令人讨厌，净说些言不及义的事儿。他想不通王尔德看上了他什么，但可以断定："他（波茜）如此优雅地介绍败坏儿童的专横方式，以至于这个年长的男人简直是在让年幼的人随心所欲。"

那晚，他们没有找到任何漂亮的男孩。次日，纪德离开了布里达去阿尔及尔，几天后王尔德会在那里参加进来。道格拉斯也赶来了，但是纪德有一种感觉，有道格拉斯做伴，王尔德并不快乐。实际上，在王尔德与道格拉斯之间愤怒争吵时，纪德在场……但他可怜的英语水平无法听懂他们的谈话。看样子，仿佛王尔德乐于受道格拉斯支配，而且，道格拉斯比王尔德更有个性。后来，当一些大事在伦敦挑明时，纪德确信，对一切出错的事，道格拉斯都负有责任。至于王尔德，纪德首先敏感于他的尊严。毋庸置疑，没有什么比王尔德的吊诡更恼人的了，"他觉得应该交流思想，以炫耀他的才智……而跟我在一起，王尔德抛开了他的面具，我便看见了这个男人本身。"

一天下午，纪德发现奥斯卡坐在咖啡馆一张铺着报纸的台子边。王尔德解释道，他有一个伦敦朋友，收受他所有的邮件，管理他的令人生厌的信件、商业信函、账单……而只寄过来

"正经的"信件……那当然是情书。

　　纯属偶然，在阿尔及尔的王尔德给在伦敦的密友罗伯特·罗斯（开邮件者）的一封信幸存了下来。除了别的东西，这次邮包里还有一篇王尔德的采访记，这篇文章于元月18日发表在保守党的《圣·詹姆斯报》上（事实上，王尔德的通讯编辑认为，这篇采访记实际上是由罗斯和王尔德一起写就的）。

　　这位"采访者"说，他发现王尔德正在读一篇评论，评论的是《理想丈夫》在伦敦的首场演出，还评论了演出后王尔德在舞台上亮相。王尔德对"采访者"评论道，"法国人多么热烈赞赏艺术家生活中这种光彩率性的时刻啊。"这个采访者问他："剧作出品之后在幕前亮相让你欣喜吗？""没有人有过什么欣喜感。没有一个艺术家有面见公众的任何兴趣，公众倒是对面见艺术家很感兴趣。就个人而言，我倒喜欢法国规矩，他们是由剧中最年长的演员向观众通报剧作家名字的。"

　　除了其他事情，这篇采访录还让其就《莎乐美》在伦敦遭禁一事评论舞台检查官。王尔德说，他们都应"发给年薪而令其退休。他们只允许写政治、意识形态或金银复本位制之类的东西，或写一些较容易的题材，而不准写艺术作品"。

　　在给罗伯特·罗斯的信中，王尔德感谢他寄来了这篇采访记及其他文章，并补充道："这里有许许多多美男。卡拜尔的男孩子很可爱……我和波茜都沉醉于印度大麻，快感相当强烈，过了三阵大麻瘾之后，心神安泰，然后做爱。波茜老是半夜醒来，因上品印度大麻而激动得像孩子一样哭起来。"信末以"波茜向你致爱意，我亦然"作结。这里没有提到纪德。[①]

那是发生在一个晚上的事。道格拉斯在一场吵架之后，离开了阿尔及尔，到比斯开拉去。王尔德问纪德，是否喜欢跟他一起去一家摩尔人的咖啡馆。因王尔德走路不便，他们召了一辆出租马车，马车夫让他们在格姆贝达大街下车，并要他们在那儿等着。后来，一个导游领他们穿越迷宫似的小街，然后上一个小山丘去到他们的目的地。一路上，王尔德半耳语地向纪德解释他的"导游论"：从来都要挑最下流的，这种人将是最佳的导游。不凑巧的是，这个晚上的导游却有令人望而生畏的相貌。

纪德发现，王尔德已经是这个地方的熟客。但直到他跟王尔德坐下来喝姜汁茶及至昏昏欲睡之际，还是看不出这地方吸引力在哪里。后来，纪德通过一扇通向街道的半开的大门，看见了"一个奇异的少年"。王尔德召这个男孩子到他们用茶的桌子边，这孩子用一根芦苇制的笛子，"优雅地"吹奏起来。原来，这个少年名叫穆罕默德，他被认为是波茜的男孩子，这也就表明为什么他进来时有点犹豫……

因此，他们就那么坐着，让自己陶醉在这个男孩子的美色中。纪德说："他大大的黑眼睛带着一种慵倦的神色，那种味儿就像印度大麻那样让人慵倦无力。我真欣赏他细长手指在笛子

---

① 海德著，前已引用《奥斯卡·王尔德》，P225～P227；前已引用《奥斯卡·王尔德书信全集》，P629；安德烈·纪德著，《如果种子不死》，巴黎，法国读书俱乐部，P266～P273。

上的动作，还有他孩子般的细长身躯，那双裸腿的优雅……"
这两位寻芳客已忘记了时间流逝，忘却了人世间的烦恼……蓦
然间，王尔德对纪德打了个手势，表示得离店了。出门来到街
上时，王尔德问纪德："亲爱的，你喜欢这个小小乐师吗?"

纪德鼓起勇气说"是的"（但嗓子眼被什么东西堵住了似
的）。

王尔德开始笑了起来，笑得难以抑止。纪德突然想起来了，
若说王尔德对纪德揭示了自己的内心隐秘，那么王尔德对纪德
的内心隐秘还是一无所知的，因为纪德确信，他所说所为都不
会泄露他的感情或行为。此刻，奥斯卡·王尔德问了他一个意
料之外的问题，并给他迅速的回答逗乐了（从前，在突尼斯的
时候，纪德也一度产生过类似的诱惑，但王尔德并不知道这一
点）。

现在，纪德等待着更多的事儿发生，但他还是缠着王尔德
问关于这个吹芦笛男孩的事，但又不希望表露他欲望"强烈"。
他们逗留下来喝一杯。最后，王尔德看了看表，已是走的时
间了。

他们不知不觉到了邻近一个较香艳的去处，遂走进了一家
有两个壮实警察把守的旅馆（但王尔德向纪德保证，警察在这
里是为了保护外国人）。他们登上了楼梯，一个来客一间房，每
间房间有个少年乐师。纪德想起了他未被满足的诱惑，也想起
了他不能够清楚表达自己的意思，总是弄得多么困难。此时想
起这类事，足以说明他现在的"极度兴奋"。"我的快乐无边无
际，充盈心胸，以至于我不可能想象，即使坠入爱河，会更加

美满。"干吗扯到爱情上去？"而当我赤身裸体，把这个妙不可言的野性肉体，把这个炽热、淫荡、神秘的小人儿搂在怀里时，我应该把我的狂喜称作什么呢？"跟穆罕默德在枕席之间，他获得了5次"快感"，后来，在他的旅馆客房里，又重温了这种心醉神迷……①

那以后，王尔德很快就去了伦敦，迈向了身败名裂之路。

在他们分手之前，纪德不止一次有机会洞察王尔德的公开面目，而纪德首先就是一位观察者，一位能够回忆并记录其观察的人。"他在阿尔及利亚街上游行，走在队伍前头，由一伙古怪的恶棍护卫和跟随，跟他们每个人交谈，欣喜地打量他们所有的人，一边随意地撒钱。"他对纪德说："我就是希望，我完全败坏了这座城市。"纪德想起了，有人问福楼拜希望获得什么样的荣耀时，福楼拜答道："败坏者的荣耀。"

对王尔德有些方面，纪德不可能理解得了。王尔德装得快快活活，但纪德知道，这个人如何受人攻击，且面对着伦敦方面的危险。纪德也觉得，王尔德的剧本并不像可能说的那么好；他演说谈话优于其写作能力。王尔德并不否认这一点。"你希望知道我的生活这部伟大戏剧吗？就是说，我把我的天才投入我的生活，而只把我的才干投入我的写作。"②

评论王尔德给其母一封信中的这一宣言时（1月30日），纪德写道："这就是为什么很了解他的那些人将有惧怕的时刻（我

①　纪德著，前已引用《如果种子不死》，P275～P280。
②　纪德著，前已引用《纪念奥斯卡·王尔德》，P31～P32。

就总是有害怕他的时候）……我不知道他的作品，也怀疑这些作品像他那样伟大。我似乎是最了解他的，了解得深刻而详细。我乐于隔一段距离（从法国）了解他。我能够告诉他，如果我在伦敦或巴黎遇到他，我不会跟他打招呼……而这样做能保护我们的友谊，也能够在他受攻击时为他辩护。他生来就是一位罗马皇帝。"

纪德还预言道："如果王尔德的戏剧不在伦敦连演 300 夜，如果威尔士亲王没有出席王尔德剧作的首演式，那么，王尔德就会在铁窗内受牢狱之灾了，道格拉斯爵士亦然。在法国，我们只使得魏尔伦和兰波丧失了公民权，而在英国，他们使得几乎所有伟大的诗人都被剥夺了法律保护……怪哉！怪哉！"[1]

纪德肯定钦佩他朋友的勇气，但是，他同样为其担惊受怕。回伦敦去就意味着麻烦。纪德进一步逼问道："你就不知道在冒什么风险吗？"

"一个人决不要去知道风险。我的朋友们都不同流俗；他们劝我要谨慎。谨慎！但是，我能谨慎得起来吗？要谨慎就只得回归过去。我必须走得尽可能远……某种事必定发生……还有的事……"[2]

---

① 安德烈·纪德著，《与他母亲的通信（1880～1895）》，巴黎，伽里玛德出版社，1988 年，P590～P591。

② 海德著，前已引用《奥斯卡·王尔德》，P33。

第十章　走得尽可能远

有些时候，我们觉得安德烈·纪德的识人断事显得天真；有时候，人们因他缺乏经验而责怪他天真。他尽其所能地观察、记录过去的场景，不过，他的观察缺乏配景和纵深：不会跟其他地方、其他人物、其他时代相比较。但是，在缺乏更优秀的观察者，或者在没有甘冒风险的传记作者的情况下，纪德对他这个准备返回伦敦的朋友思想状态的解读，堪称我们所能得到的最佳材料，而王尔德这次返回伦敦是与其命运的一场约会。纪德发誓说，他确实是听到了在阿尔及利亚的这些事情；他准确地记录了这些事。正如奥斯卡·王尔德自己所承认的，他的朋友不可能谨慎。某种事不得不发生，当然，王尔德也弄清了，事情已经发生了。

首先，有一部戏要上演，王尔德这次到伦敦，《不可儿戏》的彩排业已开始，这部戏有种种理由可说是他最重大且最为成功的一部（哪怕是因其浸润全剧有悖常理的幽默也堪称一绝）。而障碍也由此而来：阿尔弗雷德·道格拉斯爵士的父亲——昆斯伯瑞侯爵，过去4年来年轻的道格拉斯（王尔德的"波茜"）一直在炫耀他难以管束的行为（他与王尔德在1891年就认识了）。人们能看到他们在咖啡馆、餐厅流连忘返，在旅馆荡进荡出，尤其是出入于非常时尚的萨伏伊宾馆，那可是泰晤士河畔一处上流人士爱去的场所。到现在，所有有关的伦敦人都知道，王尔德正在干什么；也没有一个人怀疑，阿尔弗雷德·道格拉斯正在干着同样的勾当。

碰巧的是，昆斯伯瑞侯爵并不是那种普普通通的父亲，他是个说到做到的人，一直期望表达他的愤慨乃至愤怒。昆斯伯瑞有"怪老头"的名声，即便按当年的标准衡量也堪称性烈如火。有讽刺意味的是，在玩剑弄棒的年代，正是这个爱闯祸打架的男子，在30年前发明了拳击场著名的《昆斯伯瑞规则》。这个规则要求拳击手使用手套，将拳击分一个个回合进行，从而降低了拳击赛的野蛮程度……他排行第三的最小儿子一直在无法无天地炫耀他的同性恋，这个原本老实的孩子甚至一直设法损坏奥斯卡·王尔德在伦敦的名声。对于一个为自己的社会地位感到骄傲的父亲，儿子阿尔弗雷德爵士却担当了王尔德情人的令人气恼的角色，这让他颜面尽失，如今是脱下拳击手套出手的时候了。

1895年2月14日，《不可儿戏》在伦敦的圣詹姆斯大剧院首演，昆斯伯瑞已经准备好了在首演之夜动手。我们不知道内情，但剧作家王尔德却觉察了昆斯伯瑞在首演之夜捣乱的计划；

他知道"波茜"的父亲已购买了那一夜的戏票，甚至知道他待在（附近）哪一家旅馆。王尔德要求该剧院经理给昆斯伯瑞的戏票按全价退款，并向其致歉说，卖给他的这个座位原先已售出了。那天夜晚，昆斯伯瑞现身于舞台后门，手持一把献给王尔德的青菜；他未被许可进门，但作为"献花"之用的那把青菜却进了后台。[①]

4 天后，这位侯爵停留在王尔德的阿尔伯马俱乐部，留下了他的一张名片，像是约王尔德见面。在名片上，他留下了一句话："致装腔作势的鸡奸佬奥斯卡·王尔德。"而"鸡奸佬"有一个字母拼写错了，这证明昆斯伯瑞怒火中烧的狂怒，或者，表明他不学无术。有 10 天时间，这一信息未及交给王尔德。就此，他给自己要好的可信赖的朋友罗伯特·罗斯写信道："波茜的父亲在我的俱乐部留下了一张名片，上面写了骇人的话。现在，除了提出刑事诉讼，我看不出有什么办法。我整个生活似乎都要毁在这个人手上。"他要求罗斯帮他拿主意。[②]

也许是有了波茜和罗斯帮助，王尔德没花多长时间就作了决定。波茜和罗斯立即权充王尔德的法律顾问参加进来，催促其当事人提起控诉，实际上，他们跟他一起去了警署，王尔德在那里提出了诽谤罪的控告。

他们许多熟人都会说，这一行为把王尔德置于危险的源头上。不仅是道格拉斯的父亲及其侦探们，而且相当多出入于一

---

① 前已引用《奥斯卡·王尔德书信全集》，P631～P632。
② 前已引用《奥斯卡·王尔德书信全集》，P634。

流餐厅和咖啡馆的伦敦人都能证明，王尔德和阿尔弗雷德·道格拉斯爵士就像一对恋人那样行事。尽管有一位传记作家写道，这一次，王尔德和道格拉斯不再有性关系。可实际情况却是，他们一道旅行、一起投宿，往往就睡在同一张床上。换句话说，在罗伯特·夏拉德看来，王尔德追究波茜父亲法律责任的决定是愚蠢的，夏拉德相信，他能阻止这个"荒唐的决定"。"只要提醒（王尔德）法国的伦理道德就足够了，而王尔德对这种伦理道德是如此赞赏有加，以至于他一度希望归化法籍当个法国人。在法国，上流人士都是在当事人之间摆平这类事情，而决不会请警方来调解一桩冒犯纠纷。王尔德后来承认："我本来应该听从你的意见，而我始终认为，我能够做我选择的任何事情。"①

对王尔德来说，从伦敦消失会好得多（他后来写给道格拉斯所言），"在法国，快乐而自由，离开你和你的父亲……"但是，王尔德所住旅馆拒绝他搬走其行李，除非他付清他的账单——这笔账中的主要费用都是道格拉斯欠下的（他带了一位"朋友"一起入住）。王尔德说："如果不是因为欠旅馆的账，我本当在星期四早上就去了巴黎。"（那也是 2 月的最后一天）

把事情弄得更糟的是，在看到道格拉斯的父亲于 3 月 8 日被收监以后，王尔德和道格拉斯渡过海峡，穿越法国，去蒙特卡洛赌场。对波茜的又一次任性，王尔德让了步，后来又后悔了。王尔德在狱中写的致波茜的公开信中说到这件事："那时，

---

① 夏拉德著，前已引用《奥斯卡·王尔德：不幸友谊的故事》，P119～P120。

我本该待在伦敦，找一位练达的律师，并平静地考虑这可怕的陷阱，我听任我自己落入陷阱——你父亲像今天的人那样称其为'诡雷'（译注：booby trap，看似无害，但一经触动即可杀伤人）。而你却坚持要我带你去蒙特卡洛，一个集世上下流之大成的地方，你没日没夜地赌博，只要赌场开门。至于我，纸牌中的'11点'对我并无魅力——我任由自己待在外面。你拒绝讨论（哪怕5分钟）你和你父亲给我带来的处境。我要做的事就是给你付旅馆开销和输掉的赌款。对于等着我的严酷考验最细微的暗示，你都认为是烦人的事，而你对人家推荐给我们的新品牌香槟酒却抱有更大的兴趣。"王尔德在其信中没有提到一件事，但是，这个传说却流传开了——在蒙特卡洛，他们被从第一家投宿的旅馆赶了出来，原因是应其他旅客的要求。

还有更糟的是：在他返回伦敦时，王尔德诉昆斯伯瑞诽谤案即将开审，朋友们都恳求王尔德逃往国外。道格拉斯把这个劝告丢到一边，还说，接受这个劝告，王尔德就是个怯懦无能的人。即便乔治·亚历山大——正在上演《不可儿戏》的剧院经理也劝王尔德撤销对昆斯伯瑞的诉讼，并谨慎离开这个国家。但王尔德答道："人人都想要我去国外，我刚刚还待在国外。现在，我得再回家了。一个人不可能总待在国外，除非他是传教士，或者是一个长期出差的商人。"

因此，他待了下来——他的余生也就毁掉了。①

---

① 前已引用《奥斯卡·王尔德书信全集》，P690～P691；海德著，前已引用《奥斯卡·王尔德》，P263；皮尔森著，前已引用《奥斯卡·王尔德》，P255（自乔治·亚历山大）。

事情发展得很迅速。王尔德 3 月 1 日提起控诉，经大陪审团认可，昆斯伯瑞即于 8 天后收监；3 月 18 日大陪审团宣告对昆斯伯瑞侯爵起诉书签署"原案适当"［译注：true bill，原案适当（大陪审团签署起诉书时的用语）］。4 月 3 日，审判在俗称"老城郭"的伦敦中央刑事法院开庭。事情处置的特快速度可由以下事实提示出来：负责从伦敦为《费加罗报》写报道的是法国记者保罗·维拉斯，这位仁兄竟然被列入大陪审团，合并到一起听指控。鉴于他不是英国人，正要退出之时，他认识到，奥斯卡·王尔德的控诉应该旁听，遂决定悄悄留下来——而他甚至被选为陪审团的陪审长。这就引发了一则报道，说是维拉斯把审判的进展泄露给了法国新闻界，他明确宣称，英国侯爵昆斯伯瑞不知怎么的跟王尔德的许多名堂扯上了关系。

奇怪的是，维拉斯发表于《费加罗报》上的报道对昆斯伯瑞只字未提——但是，维拉斯也给《争鸣报》写稿，在那家报纸上却将首相的名字写入了该案报道。[①]

庭审是以有点好笑的事儿开始的。代表奥斯卡·王尔德控诉的是高级律师爱德华·克拉克爵士，他在其开场陈述中说，昆斯伯瑞受指控的诽谤言词包含在其名片上，但并非指王尔德是个鸡奸佬，而是诽谤他像一个鸡奸佬那样"装腔作势"。但是，事实上，昆斯伯瑞走得还更远：他肯定王尔德实际上犯了侮辱罪；他还提出了几个人名，而王尔德跟这几个人已有过

---

① 贺兰著，《爱尔兰孔雀》，伦敦，第四阶级出版社，2003 年，P292～P293，详见巴黎《争鸣报》，1895 年 4 月 5 日。

"猥亵行为"。

克拉克继续描述了王尔德令人尊敬的双亲、他的学业成绩，尔后，介绍了他的家庭生活。这位律师承认，阿尔弗雷德·道格拉斯爵士是王尔德在其家里接待过的朋友中的一个，但是，他也跟道格拉斯的兄弟甚至他的母亲昆斯伯瑞夫人做了朋友。他提到一桩涉及王尔德致道格拉斯一封信的敲诈案（信的抬头为"我自己的男孩"），而这封信后又由皮埃尔·路易斯译成了一首 14 行诗。最后，他描绘了各种书信，陈述了昆斯伯瑞对王尔德人格的中伤。

克拉克对陪审团说："我想，对于在那段时间昆斯伯瑞爵士是否都对自己种种行为负责任，在本案结束之前，你们可以有所怀疑。"他指的是，在王尔德最后一部戏首演之夜，昆斯伯瑞手持一把青菜去剧院……

当然，在庭审开始听取证词时，审判迅速迈入了正常状态。昆斯伯瑞凭借种种古怪办法，掌握了有关奥斯卡·王尔德的真凭实据；而私生活如此公开的王尔德便因此而招灾了。1895 年 4 月 3 日，星期三上午，审判正式开始。当天下午，昆斯伯瑞的的律师不停地讯问了王尔德许多具体问题：他跟某年轻人是什么关系？他跟那个年轻人有过性关系吗？他被这个或那个持有以折衷办法解决争端信件的青年敲诈过吗？他喜欢上了他的出版商办公室小厮吗？（王尔德答道，他不是办公室小厮，而是出版商助理，这使他具有上流人身份。）他们一起上过床吗？（如此等等，不一而足，而王尔德则一概否认。）名字一个个报出来，搭上类似的疑问与类似的回答。有一件事很明白——他付钱雇用了相当多的青年人，却没有明明白白的理由（尽管辩方律师暗示过很特别的理由）。辩方律师想要知道，王尔德为什么请马夫和马车夫吃饭，并对他们怀有感情？而王尔德则答道："跟年轻、开朗、无忧无虑、有趣好玩的年轻人在一起自有快乐……我不喜欢明达的人，不喜欢老年人。"

有一个弗雷德·艾金斯的个案。这个书商助理雄心勃勃，想登上音乐厅舞台。1892年11月，王尔德带他去巴黎旅行，其间王尔德拜访了他的法国出版商；他们下榻在嘉布欣大道王尔德喜爱的公寓旅馆，住在隔壁房间，照王尔德说，他们之间根本就没有过性关系。

4月5日星期五上午，起诉道格拉斯之父诽谤案的最后一天。被诉人的辩护律师爱德华·卡森，力陈已知涉及王尔德的这些年轻人个案的类似性，强调这些年轻人显然不属王尔德的社会阶层，也非知识分子阶层，却从王尔德那里因"有伤风化的目的"而收受钱财和礼品。尔后，王尔德的律师克拉克和昆斯伯瑞的律师卡森聚首协商，遂同意接受对昆斯伯瑞爵士的"无罪"裁决；法官遂如此指令陪审团。辩护费用也要由控告人奥斯卡·王尔德负担。①

记者兼陪审员保罗·维拉斯关于驳回对昆斯伯瑞控诉的报道发表于4月6日的《费加罗报》上，其下附了一则署名为"P. V."、标题为"最新纪事"的简讯（也于头天晚上发自伦

---

① 指王尔德诉昆斯伯瑞案4月3日~5日的全额辩护费用。见前已引用贺兰著《爱尔兰孔雀》。

敦）：

　　奥斯卡·王尔德先生已被捕收监。这次逮捕造成很大的激动……

　　两家正在上演其剧作的伦敦剧院已面临关闭。

　　阿尔弗雷德·道格拉斯爵士已申请交保假释，但被拒。

　　被控犯有有伤风化罪的奥斯卡·王尔德爵士将于明天上午10点在违警罪法庭推事面前到庭受审。

第十一章　从法国所看到的情况

如果昆斯伯瑞侯爵诽谤奥斯卡·王尔德的罪名不成立，那么，人们就不得不得出结论：他全部或大多数断言都是真实的，而在那个时代，这类事情是被看得十分严重的。因而应受惩罚的人就不是阿尔弗雷德·道格拉斯的父亲，而是奥斯卡·王尔德了。据悉，拘捕奥斯卡的逮捕令的签发被有意拖延了，以便于他有时间乘火车去海边渡过海峡逃跑（他被捕是在4月5日晚上6时20分，那晚有4班渡海轮渡，其中最后一个航班是晚上9时45分）。尽管不准保释，但王尔德的孙子梅林·贺兰在多年后回忆说，按罪名分类，冒犯或说失礼只是一种轻罪。①

奥斯卡·王尔德没有逃跑去法国，不是因为恐惧得麻木，就是因为他认定自己会被豁免的信念遭到了突然一击。而且，

---

① 贺兰著，前已引用《爱尔兰孔雀》，第31节。

其他许多人都消失了。王尔德的传记作者 H. 蒙哥马利·海德确认，同性恋伙伴们"成批地渡过海峡逃往大陆，在海峡彼岸待到审判过去，在他们判定形势安全后才返回"。据悉，"一夜之间就有 600 名上流人士从多佛渡海去加莱，而平日，只有 60 名乘客过海"。作为同时代的见证人，罗伯特·夏拉德却提供了更大的数字："恐惧的浪潮席卷海峡，加莱城见证了一场奇异的入侵。因伦敦的奥妙局势，成千的内心不安者因即刻要受惩罚的威胁而恐惧，纷纷渡海南逃。每一艘出发的轮渡乘客中，都加入了这种噩梦般的面孔，而在太平日子人们不能想象生活在极度无序的梦境之外。"

在王尔德最亲密最可靠的朋友中，罗伯特·罗斯和雷金纳德·图纳这两个人对其性行为都是谨慎的，他们一直都认为消失于海峡彼岸的法国，至少消失一阵子，是精明的。①

如果我们相信弗兰克·哈瑞斯（而许多同时代人却不相信他）——企业家、出版家、作家以及奥斯卡·王尔德传记作者，甚至是在诉昆斯伯瑞诽谤案开审之前，他就是催促王尔德"赶忙逃走者"中的一个（他实际上说的是"渡海去加莱"），后来，在王尔德初次入狱的监房里探监时，哈瑞斯用法语重复了他的劝诫："你本应逃跑的!"（此言一出，狱卒警告他们不得用外语交谈。）王尔德告诉他说，他没有思考的时间。"我麻木了。"②

---

① 海德著，前已引用《奥斯卡·王尔德》，P296；夏拉德著，前已引用《奥斯卡·王尔德：不幸友谊的故事》，P127 ~ P128；埃尔曼著，《王尔德》，P457。

② 哈瑞斯著，《王尔德》，P138 ~ P157。

至于王尔德在海峡彼岸的朋友和崇拜者，此时大都默不作声。当年在巴黎的日子里，王尔德显得是个名人，是主导谈话的座上宾，使社交界觉得了不起；如今，法国人可不是如此有把握了。就连远至阿尔及利亚的法国属地，首次审判透露的事情就足以切断纪德与皮埃尔·路易斯之间的关系（路易斯既憎恶同性恋，又厌恶新教徒）。纪德只是最近才跟王尔德过上了初次同性恋的冒险生活，不至于马上忘却，或者不承认他的朋友。[①]

在巴黎，王尔德的男色事件迅速成了男女作家的沙龙谈资。多亏埃德蒙德·龚古尔，我们能从他们喋喋不休的沙石中淘出一点宝石来。比如在阿尔方斯·都德家 4 月 4 日晚宴上（亦即在王尔德诉昆斯伯瑞案休庭的前夜），一位宾客叹息道："鸡奸完全超出了时尚范围。"这位来宾本希望为《费加罗报》写一篇论述魏尔伦的文章，但该报一位社长通知他说："不行，不行，他太为自己的品行自豪了。"几天后（4 月 7 日）再回到这个话题时，龚古尔提醒道：王尔德只是照搬别人的作派。"我觉得，奥斯卡·王尔德的鸡奸似乎不是他真正个人性的，而是对魏尔伦、斯文伯格（我一部长篇的英国人主角）鸡奸行为的模仿。"[②]

如果沙龙对一桩丑闻开始津津乐道，那么，新闻界也就不甘落后了。4 月 7 日，随着王尔德被捕收监，一家报纸的主笔在一篇冗长的头版专论中，用这一案件来阐述，不仅仅是英国上

---

① 迪莱著，前已引用《安德烈·纪德的青年时代》第 2 卷，P479～P481；古戎著，前已引用《皮埃尔·路易斯》，P292。

② 龚古尔著，《埃德蒙德·龚古尔日记》，第 21 则，P31～P32。

层阶段，而且连中产阶级（奥斯卡·王尔德）和下层阶级也都颓废沉沦了。①《费加罗报》则从另外的角度予以攻击，在其头版的未署名文章中强调王尔德访问巴黎时滑稽可笑的外貌："这个肥胖的男人大肆赞扬永久让渡运动（译注：dead hands，'永久让渡'，是指不动产捐献给宗教团体等时，使其永远无法再让与他人或变卖的让渡方式），迈着特别的蹒跚步子在舞台侧面度过相当多的时间……"该记者还嘲笑《莎乐美》，对其成书后的文本和装帧指指点点。说到王尔德的戏剧："在伦敦文学界，他的剧作好几年都保持了被嘲笑的记录：这个说笑话的人设法迁就某种追随崇拜者……"②

在那以后不久，在阿尔方斯·都德家的一次晚宴上，埃德蒙德·龚古尔正在穿外套准备离开时，与王尔德的朋友罗伯特·夏拉德碰上了。夏拉德最近出版了阿尔方斯·都德的传记。龚古尔记录道：夏拉德"酒醉心明"；夏拉德告诉他，他已给《费加罗报》社长写了信，请问匿名攻击奥斯卡·王尔德的那个"贤明的家伙"是什么人，因为，夏拉德希望"打断他的脊梁骨"。夏拉德指出，王尔德尚未被判定任何罪名；还谈起王尔德有个老母亲，有他眷爱的妻子和两个孩子。当龚古尔问他，他是否不相信对王尔德的指控时，夏拉德答道，他对其朋友在密室里干了什么根本不去注意。他又补充说，这种事儿妨碍他吃喝或吸烟。他说这番话时，嘴里正叼着雪茄烟。在帮助龚古尔

---

① 巴黎，《高卢人报》，1895 年 4 月 7 日。

② 巴黎，《费加罗报》，1895 年 4 月 9 日。

穿上外套时，夏拉德要求他给王尔德寄一封表示同情的短简……

龚古尔记下了4月14日另一场晚会上的谈话，其时，一位艺术评论家西奥多·杜雷特告诉他，"在伦敦，接触奥斯卡·王尔德是不可能的；人们不可能跟王尔德出入于餐厅和咖啡馆。"尽管如此，亨利·雷尼耶（译注：1864–1936，法国诗人）说道，他的一个朋友在伦敦见过奥斯卡·王尔德，在重新开始与王尔德的关系之前，这位朋友问王尔德，他有过什么样的朋友。王尔德回答说："我没有朋友，只有情侣。"当然，这是指皮埃尔·路易斯。

那天晚上，关于这桩著名的诉讼案，还有更多的谈资。龚古尔报道说，"每个人都希望知道，在同性恋中，王尔德担当的是'阳刚'还是'阴柔'的角色。某个自告奋勇的来客答道，王尔德会担当'阴柔'角色，因为当'阴柔'人的男人可以发现从女人那儿没有获得过的快乐。"[1]

与此同时，夏拉德本人也变成了被轻蔑的对象。他当众受辱，而侮辱他的这个男人因其在英国侨民中的重要地位，他是不能仅仅以轻蔑对轻蔑来对待的。因此，夏拉德把这个人扯进了巴黎法庭，在法庭上他被处以"法国法律所允许的最高金额的罚款"。同样，这个案子在伦敦新闻界也被"恶意"报道了，夏拉德发现，也有必要在伦敦采取行动。不久，他就发现，他成了一家无操守的侦探机构的目标，这家机构显然在努力把他

---

① 龚古尔著，前已引用《埃德蒙德·龚古尔日记》，第21则，P35～P36。

与某种同性恋行为联系起来。

或许，最准确概括当时大众火气的人要数作家儒勒·雷纳尔。他在 4 月 13 日的日记里告诉我们说："在奥斯卡·王尔德的男色事件中，比英国的普遍愤慨更滑稽可笑的，是我深知的一些法国人的假正经。"[①]

不论有什么性偏好，法国人都把这一点看得很严重。事情是在巴黎，不是在伦敦，这种事是会招惹挥剑决斗的。事情是由著名记者儒尔·休雷特的一篇文章引发的。这是发表于 4 月 13 日《费加罗报》上的一则简讯："有人问我们，王尔德逗留巴黎期间，与奥斯卡·王尔德频频接触的是些什么人。"

"我们仅能就纯粹文学方面来应答，这可不会完全满足我们的读者。真相是，奥斯卡·王尔德流连于几个圈子。"

"我们相信，在文学艺术界，王尔德的知交有让·罗兰、卡图尔·孟戴斯、马塞尔·斯沃布以及其他可觉察到的作家。"

事关清白，这就意味着该文所提及的法国作家还是太多了。时年 53 岁的卡图尔·孟戴斯是个老诗人、剧作家和小说家，他向《费加罗报》提出了抗议，该报则于次日发表了致歉启事："本报有失实之处。卡图尔先生跟王尔德先生绝无友谊关系，此外，王尔德的才能也未使他觉得了不起。据悉，本报简讯令卡图尔·孟戴斯先生十分生气……"

事实上，他的确是怒不可遏，在其致专栏作者休雷特的短

---

① 夏拉德著，前已引用《奥斯卡·王尔德：不幸友谊的故事》，P129～P130；雷纳尔著，前已引用《日记》，P218。

笺中已显示出来了。

"如果你想要报道新闻，则会乌七八糟地被告知。

"如果你要想友善待人，则就成了低能儿。"

在4月16日的《费加罗报》上，不幸的儒尔·休雷特发表了一条意见，以回应孟戴斯："因为就广阔的背景来解释（文学上的关系）会令您满意，故我不禁有个您十分清楚真相的看法；您是一位精神饱满的人。"

这种还嘴无论意味着什么，卡图尔·孟戴斯断定，这就意味着战争。在同一天，决斗证人已挑选好了，决斗规则（决斗用剑、决斗者之间距离、不准用左手）也确定了。这场决斗于午后4点发生在巴黎市外的某地。两个人刚一交手，孟戴斯的前臂即被严重割伤，血流如注；经现场医生劝告，决斗证人迅速中止了交战。[①]

儒尔·休雷特所提到的另一位作家马塞尔·斯沃布也派出了他的证人，安排一场决斗，但是，尽管有决斗欲望，决斗证人还是让他们自己被休雷特说服了：交战并无必要。而让·罗兰只不过是决定，通过写信交换意见来解决这件事。[②]

4月25日，即伦敦审判前夕，在阿尔方斯·都德家的一个正式晚宴上，在房间一隅的宾客们交换关于奥斯卡·王尔德的笑话，当然，在场的埃德蒙德·龚古尔记录下了这些笑话。阿尔方斯·都德好辩的儿子莱昂·都德所说的笑话吸引了最多的

---

① 巴黎，《费加罗报》，1895年13、14、16、18日。
② 德·安东尼著，前已引用《让·罗兰》，P557；西尔万·戈德马著，《马塞尔·斯沃布》，巴黎，谢尔什－米迪出版社，2000年，P186。

来客，"哈！有这么一则笑话：看着摇篮中的他，他母亲必定在想：'这可是一个长大后知道如何掉头转向的孩子！'"（在法语中，这一说法也意味着知道如何摆脱困境。）

1895 年 4 月 26 日，开始审判奥斯卡·王尔德（雷金纳对王尔德）（在一个核心问题上，王尔德有一个名叫阿尔弗雷德·泰勒的人为其共同被告，他被指控拉皮条，介绍年轻男子给王尔德）。证据与仅在三个星期前王尔德诉昆斯伯瑞诽谤案中昆氏呈堂的证据十分类似。但是，这一次，陪审团并没有作出裁决，在讨论了一个下午之后，陪审团不能同意法官的案情总结。另一次审判已作安排，在度过近一个星期的等待审判的日子之后，王尔德终于在交纳保释金以后被假释。

还是在狱中等待新审判的时候，王尔德就给其忠诚的朋友当时已返巴黎的罗伯特·夏拉德写信，问他是否能够要求莎娜·伯瑞哈特给予帮助。（"我的债主逼债逼得这样紧，以致我不知道如何是好。"）他希望把《莎乐美》的版权卖给她，并希望就此获得 1 万法郎——相当于 400 英镑。王尔德还承诺，他最后会归还她。

夏拉德于是去拜访伟大的莎娜，提到她的"好朋友"而受到她的欢迎，遂感到一阵鼓舞。而她说的却是，当前，不可能出品王尔德的剧作，因而也不可能买下剧本。但是，她会设法凑齐他需要的这笔钱。她约定改日见夏拉德。

夏拉德好几次试着要见她，她总是不在家，或者，忙得很。夏拉德把这一切都报告给了狱中的朋友。王尔德答道："我料想莎娜是没有希望了，但是，你侠肝义胆的友谊——你美好的骑士精神的友谊是比世上千金万银更值钱的东西。"①

夏拉德与阿尔方斯·都德已建立了真正的友情。他已应承过都德，在这位老诗人带全家到英国旅游时，他要全程陪同他们一家人。但是现在夏拉德犹豫了，因为他记起了早些时候都德对指控王尔德的一番评论："你看，夏拉德，你不是一个父亲。如果你当了父亲，你就会有我这样的恐惧和义愤。"但是，如今都德一家都在伦敦，他夏拉德实际被当做这个家庭的一分子那样受欢迎。而阿尔方斯·都德是同情夏拉德的，也同情王尔德的苦楚。当夏拉德发觉自己竟然在都德下榻的旅馆房间单独以对时，都德对他说："我的孩子，现在跟我谈谈你的朋友。"他绝没有表示任何敌意，但是，他不会在自己下榻的旅馆里接待王尔德——而都德的优柔寡断也使他难以出门去交际——因为他不希望他的儿女见到夏拉德的朋友。②

---

① 夏拉德著，前已引用《奥斯卡·王尔德：不幸友谊的故事》，P134 ~ P145；前已引用《奥斯卡·王尔德书信全集》；P642 ~P645。
② 夏拉德著，前已引用《奥斯卡·王尔德：不幸友谊的故事》，P174 ~ P179。

第十二章　真正的审判

从现在开始，所发生的任何事情都不会让奥斯卡·王尔德觉得轻松。在陪审团第一次审判未能对王尔德的裁决达成一致之后，王尔德便一直处于交保释放状态。当他住进旅馆等待 5 月 20 日复审时，却发现旅馆经理并不想让他入住：原来，昆斯伯瑞让一伙无赖尾随他，而这些无赖使任何一家旅馆都不可能为他提供栖身之所。

还在交保候审期间，就有许多朋友催促他逃跑。弗兰克·哈瑞斯又一次承诺让他逃到法国去。为此，他准备雇一艘快艇，但当艇主听说这艇所派的用场时，拒绝收取任何钱财，认为像王尔德这种人应视为公敌，为钱财运送他"太可怕了"。而王尔德还是不会逃跑。哈瑞斯甚至准备挟持他进出租马车，但是他

的努力失败了……①

　　至于这场审判，已经必须考虑了。王尔德同性恋的证据，他跟那些雇用涉性者（皮条客、出租男孩）肉体相亲的故事，早就在王尔德作为原告控诉昆斯伯瑞的诽谤案中，由昆斯伯瑞侯爵的辩护人详细报告过了。而昆斯伯瑞诉王尔德的第一次审判因陪审团不同意法官判决而于 5 月 1 日结束，这次审判大大夸示了证据，其中大多数都是昆斯伯瑞利用过的同样的证据，致使王尔德的辩护律师无须争论。因为不可能争辩。这样一来，这一次审判，陪审团仅需凭会议记录就能发现奥斯卡·王尔德的罪行，于是，他被判刑两年加服苦役。

　　一条迅速流传开的小道消息是，内阁拒绝倾听那些为宽恕而说项者，说项者中有一个就是那场诽谤案中昆斯伯瑞的辩护律师；该律师觉得王尔德遭灾受苦足够多了。但是，实际的情况却是，昆斯伯瑞已经传播了一些高级官员的名字，一位副检察长家族中的某个人是被告认识的年轻同性恋者中的一员，遂使得内阁要把该刑事被告投进监狱，且在一定时间里没有音信。

　　王尔德现在会保释后逃亡吗？希望他逃亡的人中，有一个是昆斯伯瑞的儿子、阿尔弗雷德·道格拉斯的哥哥——奥依克·道格拉斯爵士；他为王尔德付了一半的保释金，只要王尔德愿意逃到法国去，他愿意损失双倍的钱财。

　　采取自我辩护的立场，王尔德否认一切指控。他承认与昆

_____

① 哈瑞斯著，前已引用《王尔德》，P166 ~ P178。

斯伯瑞的儿子阿尔弗雷德·道格拉斯爵士的亲密友情。他说，他一直愿意放弃与这个年轻人的友谊，但后者不愿断绝关系。对于不止一次地诘问一封致"我自己的男孩"的信，以及该信中关于身体描写的某种用词，诸如说吻道格拉斯"红玫瑰花瓣似的嘴唇"，王尔德说这是散文诗的一部分，是"艺术家称呼一个有教养、有魅力的漂亮年轻人的方式"。显然，他并不会马上放弃立场。控方律师也不会放弃立场，他对神秘的阿波罗（译注：希腊神话中太阳、音乐、诗、健康等的保护神，也喻指美男子）的这位情人逐行解读这封信。至于起诉中包含的一些具体事件，诸如在萨伏伊宾馆的卧室里的猥亵行径，王尔德只是简单地予以否认。而清理卧室的女仆则反对王尔德的说法。

实际上，他的律师造成了许多不利于王尔德的证据来源：这些提出不利于王尔德证据的年轻人"都得到了免于惩罚过去无赖下流行径的保证……应该受到指控的正是这些年轻人，而不是原告"。这样一来，比起先前的审判，检察官的总结发言、法官的评说，都对王尔德相当严厉。因而对陪审团判定被告犯了罪也就不必惊讶了。

在针对王尔德和阿尔弗雷德·泰勒两人的判决陈词中（男妓皮条客泰勒的审判和判决已先于王尔德的进行了），法官有机会表达他的个人看法："这一罪行是如此恶劣，以致每个听过这两场审判的详情细节的体面人，都羞于启齿，而不得不尽量抑制自己不去描述升腾于胸臆的感受。"

这位法官进而宣告："这是我曾经审理过的最丑恶的案子……根据如此案情，我期望作出法律许可的最严厉判决。像这样一个案子，按我个人期望来判决是完全不适宜的。而法院的判决是，你们每个人都被判两年监禁并加服苦役。"

出庭的许多人都惊讶于这位法官的严厉措词，这与他上次作总结发言比较温和的话语形成了强烈对比。王尔德的朋友们在较先的审判中，也到老城郭旁听过。说到最恶劣的罪行，人们会想到谋杀、奸杀、绑架撕票之类的罪行。所以，这班朋友感到纳闷，这怎么可能是这位法官所审过的"最恶劣的案子"呢？

对王尔德来说，随后的几周乃至几个月就是一条由恐怖到恐怖的走廊。毋庸置疑，不久就要到来的两年单独监禁、不宜的伙食及"苦役"任务，都注定不仅搞垮他的身体，还将摧毁他的精神。除了坐牢的恶劣条件之外，犯人每天放风不得超过一个小时，板条床使他睡不好，卫生状况也属原始状态。[1]

在法国，除了文学戏剧界，并没有许多人关注这场审判、关注王尔德的苦难。巴黎的《费加罗报》可能出于社会责任，就"此案"发了一则二三十行的消息；说奇又不奇的是，这则消息是法国记者保罗·维拉斯写的，在王尔德受审时，他发现自己成了陪审团成员。维拉斯报道了案情，然后加上了几句教训性的意见："这个骇人听闻的案子就这样结案了。人们可能觉得有所遗憾，其他人没有遭到同样的命运；也惋惜没有展开普遍的整肃，而这场可悲的审判却展示了整肃的必要性。

---

① 海德著，前已引用《奥斯卡·王尔德》，P344～P376。

"此外，对王尔德的妻子和孩子也难免倍觉同情，而王尔德的文学生涯也到头了，且到头得如此悲惨。"[①]

判决后，王尔德的忠诚朋友夏拉德拜访了仍在伦敦的阿尔方斯·都德。都德令人失望的评论却是，"这是一个美好的国度。我崇拜这个国家，正如今天的裁决和宣判所显示的，正义在这里得到了彰显。"返回法国时，阿尔方斯·都德邀请埃德蒙德·龚古尔吃饭，并就王尔德的盟友夏拉德那里得来的关于王尔德的新闻发表意见。

最后，阿尔方斯的大儿子莱昂，一位主流的右翼论战者就王尔德一案指出：王尔德的"道德放荡"是臭名昭著的，而"英国并未忽视这一类腐化。这么说吧，一个人可能具有伟大艺术家的素质，却缺乏道德的毅力，到头来只能作为一个可能的精神病人而收场"。他描述了伦敦社交界对自身感到的恼火，因为"把这样一个'失礼'的人看做堂堂上流人。毋庸置疑，王尔德脱口而出的乖张嘲笑恶化了他的案子，使法官厌恶至极。哎呀呀，这个不幸的奥斯卡！"[②]

连告别的时间都没有，犯人王尔德就被驱赶去了好莱威监狱，无异于一个摧毁他肉体和精神的路边站。他正式服刑的第一个监狱是彭托维尔监狱，地点在大伦敦地区，监狱具备了种

---

① 巴黎，《费加罗报》，1895 年 5 月 26 日。

② 夏拉德著，前已引用《奥斯卡·王尔德：不幸友谊的故事》，P192～P193；龚古尔著，前已引用《埃德蒙德·龚古尔日记》第 21 则，P59～P60；莱昂·都德著，《纪念与论战》，巴黎，拉封出版社旧书系列丛书，1992 年，P386。

种可摧毁其精神的东西：完全隔绝了朋友、简陋的令人生厌的伙食，以及每天必做整整半天令人精疲力竭且毫无意义的操练（诸如踩囚人脚踏车，运动量相当于爬一座山）。

王尔德的朋友弗兰克·哈瑞斯描述了一次经特别授权的探监，王尔德谈了他初次的监狱体验："囚室令人震惊：在里面我难以呼吸，而食物令我作呕……我一天一天地不吃任何东西……我躺在所谓的床上，漫漫长夜瑟瑟发抖……"

他将体验三个监狱中最恶劣的旺兹沃什监狱，在那里他度过狱中生活的第一个夏天，肚子吃不饱，每夜都遭狂泻之罪，以至于无力起床。没有人给他诊治，狱医隔着铁栅告诉他，如果他不起床就要受惩罚。穿衣服时他从床上摔下来碰伤了，然后还得跟其他狱友去狱设教堂唱圣歌。

"我几乎站不起来，头脑里一会儿一片空白，一会儿又影影绰绰记得一些事；而突然之间我肯定是倒了下去……"王尔德将手放在头的右侧说，"我苏醒过来时觉得这只耳朵疼。"他的耳朵还有点失聪。他认为，在教堂里摔跤使得耳鼓膜破裂了，或者，至少是损伤了耳鼓膜，因为从那以后耳朵发痛，还经常流出一点血。哈瑞斯问他，你现在不能要求救助吗？"无论我病得怎么样，我都不会去请医生看……我懂得监狱的规矩。"他担心监狱的处罚：挨饿、用药催泻"至死"。①

他将进一步产生这只耳朵受感染的恐惧心理。

或许，还有某种比肉体痛苦更痛苦的事情。1895年11月，

---

① 哈瑞斯著，前已引用《王尔德》，P199～P203。

按照一位好心的巡视员建议，犯人王尔德被转移到里丁监狱，这座监狱的条件恶劣程度较小。"那天，从两点钟到两点半，我不得不站在克拉彭换车车站的中央月台上，身穿囚服，戴着手铐，展览示众。未打一声招呼，我就被带了出来。这下我就成了最滑稽可笑的东西。人们看见我时都发笑，每一班火车到站就增多一些观众。在他们看来，我是天下最好玩的娱乐品。当然，这是在他们知道我是什么人之前的心态，而一旦知道我是什么人之后，他们笑得更厉害了。在灰蒙蒙的 11 月天的雨水之下，我就那样整整站立了半小时，被一伙群氓围观嘲笑。

"在遭到那样的出乖露丑之后，有一年时间，我每天都会在同样的时辰哭上半小时。"①

---

① 奥斯卡·王尔德著，《深渊书简》，伦敦，企鹅出版社，1986 年，P183～P184。另外一个说法是，有一个围观者认出了站台上的王尔德，向他脸上啐唾沫。

第十三章　分裂的法国人

在饭局上，关于王尔德一案，巴黎文学界人士无论思考了什么、谈论了什么，并没有很多东西付诸纸笔或印刷成文。将《道连·格雷的画像》译成法文的译者让·约瑟夫·雷诺倒是有幸能够吁请人们注意这么一些人——他们抗议英国法院"残忍地毁灭了一个作家及其作品"。在不同的忠诚支持者之中，有小说家保罗·亚当和奥克塔夫·米尔博、记者亨利·雷尼耶和亨利·鲍尔。

此外，则是万马齐喑。很少有关于某"大诗人"在英国监狱受折磨的资料；如果在英国客厅里，他们提到这个囚徒仅用"他"表示，而在法国"王尔德"则开始意味着邪恶。①

有一位作家因有可能跟奥斯卡·王尔德扯上关系而吓得要

①　让·约瑟夫·雷诺著，《王尔德〈旨趣集〉之序言》。

命，尤其是他发现其诗作《红锆石》（据王尔德致道格拉斯的一封信有感而发的）已成了审判时的呈堂证据，更是惶惶不可终日。这位作家就是皮埃尔·路易斯。他给其兄弟写信道："因为那场审判，你不可能想象我过的是多少恐怖的日子……我不再能够睡觉和休息，而我每个白天、每个夜晚又必须出门，以至人家看见我时，我得定睛看着他们每个人，以便观察他们脸部表情。"而且，他还向其兄弟坦陈道，直到那一刻，他所有的朋友都是"完美无缺的"，当这个话题出现时，他们甚至哈哈笑了起来。而且，他感到他整个写作生涯已经岌岌可危了。那些不认识他的人会说些什么呢？"我看见自己被这种局面弄得走上生命的末日；这种处境真会令人疯狂。"（事实上，没有一件令皮埃尔恐惧的事会不被追究。）[1]

甚至在奥斯卡·王尔德第二次也是命运攸关的那次审判之前，一家前卫派杂志《白色弹子球》，发表了一篇分析男子之间性事的强词夺理的文章，其作者是王尔德长期的同伙保罗·亚当。他援引古代史，提示坚持"男性爱"（男性之间的性爱），抨击现代人的伪善，这些人一边攻击奥斯卡·王尔德，一边却纵欲于非生育要求的非法异性恋的性关系。"凭什么说奥斯卡·王尔德先生造成了伤害？比起那些出资把青年女店员弄上床的人，王尔德花点小钱到送电报小厮身上就应该觉得更可耻？"亚当指出，通奸本属有伤风化行径，然而，"在小说、戏剧以及法

① 古戎著，前已引用《皮埃尔·路易斯》，P300～P301。

律的羞答答层面里，通奸却被证明为合情合理的事情"。

聚焦于王尔德与道格拉斯的关系，亚当诘问读者："有什么能够比年轻的道格拉斯爵士对王尔德先生的爱恋更高贵呢？这种激情既不是出于本能，也不是为了大把金钱。"道格拉斯爵士只不过是为这位诗人，为这位诗人的天籁所倾倒……"为这样一种精神奇迹所俘获，年轻的道格拉斯爵士才献身于他的朋友……而昆斯伯瑞侯爵晃着被大量牛排滋养得强硬的拳头插入这幅美妙图画，在我们看来就不大值得同情。"亚当最后作出结论："如果我们单单祈求公平，那就不存在犹豫不决的理由。在男女通奸与鸡奸之间，应得到我们纵容的倒是后者。鸡奸伤害的人较少。"①

尽管关注老城郭的肮脏事件，可在5月底，罗伯特·夏拉德却已返回巴黎。据说，在圣安娜大饭店附近的一家英国酒吧里，有人收到一封法院来的报告审判结果的电报。后来，夏拉德叙说这个故事，"一伙粗俗的英国人、新闻记者、书商及赛马场接客员团团围住这家酒吧……关于是否草率作出判决，这些人在打赌，根据胜算报盘，话虽这么说，几乎不用怀疑是要定罪的。一种难以理解的敌意，使得针对这个囚徒的谈话热热闹闹，然而，几乎没有例外，参加谈话的这些人过去都是作奸犯科的老手。让酒精涨得通红的猥亵面孔，装腔作势地祈求降祸于这个不幸的人，在大难临头的这一时刻的此情此景，让人想起一幅可怕的图景，有如戈雅（译注：1746—1828，西班牙画

---

① 保罗·亚当著，《包藏祸心的击剑比赛》，巴黎，《布兰奇杂志》，1895年5月15日，P458～P462。

家）才可能画出的如《地狱走廊之梦》那样的可怖图画……"

一个蓝色电报信封抵达，打开一看，"懊恼失望的咒骂渐渐沉寂。这场审判结束了，陪审团不同意……"

还是在这场审判之前，朋友们就要求夏拉德返回英国，以便带王尔德去乡下。夏拉德确信，那是"带他去外国"的暗号。夏拉德乘最早一班火车去伦敦。但是，当他抵达维多利亚车站时，见到了一个发电报的人，这才明白过来：人家的本意是，在面对一场新审判的折磨之前，需带王尔德到乡下去休养……①

随着时间流逝，巴黎文学界、新闻界更多讲公道的人士开始考虑的不仅是他们的同仁所遭到的失当判决，还有他遭遇的特异性。于是，亨利·鲍尔开言了。他早年因为为巴黎公社辩护而被判驱逐出境。巴黎当年有一家堪称法国最权威的日报《巴黎回声报》，鲍尔如今在该报的头版第一专栏，著文对王尔德受监禁表示抗议。他开篇说道："世界上每一个国家，人通常都是下流的畜牲——攻击伤者，撕裂被征服者……但是，比起愚蠢、横暴的法律与怯懦的伪善及残暴的偏见都以法律的名义编成法典，上述的个体和集体的残忍还是会较少引起恐怖……"

"什么东西使人萌生了这种感想？是奥斯卡·王尔德案件。这个案子首先就是荒谬而矛盾的，现在又与野蛮密切相关，堪称英国的耻辱，是 19 世纪的欧洲不应有的。"鲍尔接下去描绘了"苦役"，这种苦役先是削弱然后毁灭囚犯的品格。这种苦役

---

① 夏拉德著，前已引用《奥斯卡·王尔德：不幸友谊的故事》，P148～P149，P159～P161。

只干了一天，王尔德就身心俱疲，被转到监狱医务室。绝没有一个人会因一个艺术家这种死法而获益。①

两周之后，在另外一家报纸《日报》上，小说家和整肃运动的新闻撰稿人奥克塔夫·米尔博坚定地站在王尔德阵营，揭发当时施行的"苦役"制度。"绝没有一种可能残暴如斯的罪行使我恐怖得战栗。"而在阅读一份拷问王尔德的记录时，他觉得他生活在"一个遥远野蛮的时代"，"苦役犯不停地踩踏着囚人脚踏车轮，时时担心因体力不济、勇气不够会有一瞬间停止踩踏而招致死亡，这个不幸的人和成百上千的不知名的殉难者的这番光景，像惊悚的噩梦一般缠绕着我……"

"诸如此类使奥斯卡·王尔德备受痛苦的肉体折磨，我们时代的司法惯例怎么可能容忍得了？……尤其是在英国，这种事比发生在任何其他国家更令我吃惊。例如，漫步在伦敦街头，你便能遇上比其他地方更多的活生生的进步。伦敦是个人自由更具现代趋势最为显著的地方。"然后，就英国进步与奥斯卡·王尔德命运之间的矛盾，米尔博与一个英国人展开了对话。这个英国人也发现了苦役折磨的可鄙，而他们说是这样说，但是却让这种事继续发生。作为结论，米尔博问了一个英国朋友对王尔德案件的想法。这个英国人回答道："总而言之，奥斯卡·王尔德将受到惩罚。可他干下的事并不严重违法，甚至连行为不端也说不上，而只是一种疾病。"②

---

① 亨利·鲍尔著，《流言》，巴黎，《巴黎回声报》，1895年6月3日。
② 奥克塔夫·米尔博著，《关于"苦役"》，巴黎，《日报》，1895年6月16日。

恰逢 1895 年 6 月，王尔德的长篇小说《道连·格雷的画像》法文译本在巴黎出版；作为一个有才华的小说家和评论家，让·罗兰决定利用对法译本的评论，来抨击英国惩罚王尔德的手段，而怯懦的法国人却忽视了这种惩罚方式。一则，该书并不会像英国评论家所认定的那样令人失望（"因为它没有充分地埋没他，没能把他活埋于审慎的清教徒式的默默无闻之中。"）；二则，除了几位法国记者之外，对这个可怜的现已被判经受最骇人折磨的迷失的人，法国人的一致表现是怯懦……

罗兰在《道连·格雷的画像》中发现了许多美好的东西。"我断定，奥斯卡·王尔德先生因态度及吊诡言论的无礼（有点自我宣扬）更多是文学上，而不是道德上的丑闻而获咎，但是，首先，打动人的是文学……人们认识到，在他受审期间《道连·格雷的画像》的一些章节却被用来针对作者。"[1]

怀着更大的热情，奥克塔夫·米尔博在另外一家巴黎日报头版评论了同一部小说，而且也是在思虑创作小说的受罪囚犯之中阅读这部小说的。"……我从没有如此鲜明地感觉过社会高压的恐怖……那种人类被恶魔附身'那样惩罚的危险而愚蠢'。"而现在，他读了王尔德的书，他不可能不愤慨和反叛地思考，"写了这部完美小说的艺术家却被隔离了生活，因一些行为要屈从可怖的折磨，而这些行为既不是严重犯法，也不属行为不端（或说'可抱歉行为'），实际上，他自由做下的这些事，没有

---

① 让·罗兰著，《阴沉沉的伦敦圣·詹姆斯公园林荫路边一星期》，巴黎，《巴黎回声报》，1895 年 6 月 28 日。

任何一个人有权要求他说明或答辩，因为，正如我经常说过的，这种行为是仅与我们的良知和容忍有关的事情。"

他赞扬王尔德作品的风格、哲学和趣味。当然，该书并没有放到年轻姑娘手中。该书有伤风化，"果真如此吗?"的确，这部长篇小说的译者们并没有证明他们自己——甚至米尔博肯定在使他自己遭受批评……（但他还是同样在干这项工作）①

---

① 奥克塔夫·米尔博著，巴黎，《日报》，1895 年 7 月 7 日。

第十四章　为保卫王尔德而战

结果，奥斯卡·王尔德有如此之多的法国辩护人，以至于不会多出哪个人。未必会有的事情是，阿尔弗雷德·道格拉斯爵士（奥斯卡·王尔德所有不幸根源的"波茜"）决定，给《法兰西信使》月刊写一篇文章，为向法国舆论宣战作出一份贡献。该刊系由象征意义运动的成员于不久前创办的，并已被文学界相当看重。

实际上，道格拉斯显然写了这样一篇文章，文中包含了王尔德写给他的书信文本或部分文本。王尔德设法让踏实的朋友夏拉德答应他，务必要阻止该文发表，而夏拉德也成功地做到了这一点。但是，王尔德很快获悉，道格拉斯已给他当时服刑的好莱威监狱的典狱长写了信，要求他准许王尔德从监狱里给他写信，以便用在给《法兰西信使》月刊的文章里。而王尔德后来责备他说："这些书信，对你来说，应该是远比世界上任何东西都宝贵的珍品！"①

　　而《法兰西信使》月刊还是及时发表了一篇好战的文章为王尔德辩护。作者名叫雨格·勒贝尔——所采用的这个假名表明他是个保皇主义者及反共和的立场；他时年27岁，此前发表过诗歌和小说。该文作者针对他认为的现代民主政治的弊端写道："一个闻所未闻令人讨厌却十分民主的法令——只适合下流者的法令。而制订此法令的人却令伦敦蒙羞。"文中所说的"法令"是指对王尔德的审讯和判决。勒贝尔写道，莫非他背叛了他的国家，或企图杀害女王，抑或是炸毁了国会大厦？当然，绝没有犯下如此弥天大罪。可是，被王尔德的挖苦激怒，法庭采信了卑鄙的证言，对待这位作家有如一个染上瘟疫的人：这就是民主政治的真正罪过。王尔德之所以受惩罚，是因为他违背了"这种带点加尔文教派信徒道德的法律，加尔文教派的道德只为苦难而宽容每个贫贱而严肃的人"（译注：加尔文，1509—1564，法国出生的宗教改革家，其教义强调由神的旨意、《圣经》的权威所预先安排的人生）。

　　至于说到法官本人："如果判决王尔德有罪，那就不能容许法官他忘记，被告写下了美好的《道连·格雷的画像》；写下了新颖曼妙的随笔；写下了绝妙的故事集；创作了尖刻刺激、戏谑诙谐的喜剧；而且他还应该记住，王尔德是个出色的朋友和忠诚的男人。"勒贝尔攻击了"小器的势利鬼，三年前，在《道连·格雷的画像》作者抵达巴黎时，他们被一见为荣的虚荣心

----

① 前已引用《奥斯卡·王尔德书信全集》，P646，P716～P717，P761。

弄得迫不及待"，而到如今他们则"与伦敦的皮条客、夜贼和牧师一道，搞起指责大合唱"。

这位作者毫不畏惧地为特殊人物要求应得的特殊权利，因为"这场审判事关的不是鸡奸，而是对这位超凡脱俗人物审判的公正性"。在他的想象中，这个检察官有如一个要起诉达·芬奇那样的焚琴煮鹤的粗人。在文章结尾，他宣告，抗议判决王尔德是一种责任。曾几何时，巴士底狱仅仅是想象中的地狱（里边没关几个人），而英国的彭托维尔监狱才是真正的地狱："一把火烧毁它该有多好啊！烧毁它不仅是因为王尔德，我也会高兴，我们大家——所有异教的作家、艺术家，这些当然的名誉上的囚徒——都会高兴。"[①]

大概，在法国还没有过足够多的异教徒艺术家和作家，因为他们中的一小批人试图招募一些著名的和最有声望的异教作家、艺术家，但是未能如愿。1895年11月，一位在法国工作且帮助过奥斯卡·王尔德把《莎乐美》译成英语的美籍巴黎居民斯图亚特·梅里尔，企图获得一份正式的给人印象深刻的名人联署请愿书，以向维多利亚女王陈情，要求"完全饶恕，如若不然，也请求大大缩短刑期"。联署请愿发起人梅里尔及其朋友们希望获得包括诸如爱弥尔·左拉、阿尔方斯·都德、埃德蒙德·龚古尔以及弗朗西斯·库柏在内的名人签名。

实际上，这些声名显赫的文学名人中没有一个准备让他们的名字出现在这桩事情上，以使得囚徒王尔德的日子轻松一些。

---

① 雨格·勒贝尔著，《为奥斯卡·王尔德辩护》，巴黎，1895年8月，P182~P190。

有讽刺意味的是，在把征求请愿签名的运动干到底的过程中，梅里尔引用了他所收到的一些名人的回应。就说阿尔方斯·都德吧，他希望知道，他应邀签名是跟一伙什么人在一起（梅里尔真想对他说，与他一道签名的人，连耶稣也不难与之交往）。但是，左拉的拒绝令他最吃惊。左拉希望知道谁草拟了请愿书、目的是什么，他竟然说："你希望把我的名字别在这个囚徒背部的海报上吗？"另外一个应征签名的人弗朗西斯·库柏同意在请愿书上签名，但要以"动物保护协会"会员的身份签。①

有个人当时还达不到拒签梅里尔请愿书的地位，因为他还不是公众人物，这个人就是安德烈·纪德。但他后来表达了对这场签名请愿运动的看法。"人们希望，赞赏这位作家的人会饶恕这个人。唉，这就造成了一个误解，因为人们必定认准这个事实，即王尔德并不是一个伟大作家。把铅制的救生圈扔给他，只能起到伤害他的作用；他的作品远远起不到托举他的作用，似乎还会把他往水里拉。有些援手伸给他，却属于无效行为。世俗的潮流淹没了他；什么都消失于苍茫的潮水之中。"纪德的这番话写于一本名叫《回忆录》的小册子推介文章中，该书出版于王尔德死后不久。他是在指责他一度的朋友吗？并非如此。因为，如果纪德认为王尔德不是一位了不起的作家，则他便在王尔德身上发现了其他最重要的品质。

他解释说："代替设法把这个人藏在他的作品后面，人们应

---

① 伊利莎白·布鲁内特编，《为了奥斯卡·王尔德》，鲁昂，雨格·勒贝尔所属动物保护协会，1994年，P58～P72。

该首先显示这个令人敬佩的人物。他不是一位伟大的作家，却是一名伟大的寻欢作乐者，如果人们允许这些词语采用其充分意思的话。"①

12月初，亨利·鲍尔在《巴黎回声报》上发表了一篇文章，讨论对请愿书的冷淡回应。他将其归于虚伪的德行。读过这篇文章后，埃德蒙德·龚古尔在其日记中写道，鲍尔的文章是某种形式的恐吓——使得任何一个人都不可能签署请愿书。

聪明的儒勒·雷纳尔诉诸其日记时，则以另外一种方式记叙这件事："我将会乐于为奥斯卡·王尔德陈情的请愿书签字，条件是他得答应以其名誉担保从今以后决不从事……写作。"②

在这一年过去之前，多亏有象征主义诗人、小说家亨利·雷尼耶所撰写的心平气和的传记草稿，想要更深入地挖掘奥斯卡·王尔德一案情况的读者便有机会了。

每年春天，有时在秋天，人们能够在巴黎见到一位地道的英国绅士（雷尼耶的文本开始了）。他在巴黎所过的生活，比方说，有如保罗·布尔奈（译注：1825—1936，法国小说家）在伦敦可能过的生活，频频出入艺术家的客厅，经常光顾重要人物常去的餐厅，结交每个受过教育、懂得如何思考和生活的优雅人士，干他们可能有兴趣的事。

---

① 纪德著，前已引用《纪念奥斯卡·王尔德》，P12 ~ P13。
② 龚古尔著，前已引用《埃德蒙德·龚古尔日记》，第 21 则，P138；雷纳尔著，前已引用《日记》，P239。

接下来，雷尼耶描述了王尔德的外貌、服装及其饰品、用品，诸如舶来的雪茄烟、插于胸前纽扣孔里的花朵……"他刚与（莫里斯·）巴雷斯先生共用过午餐，又会与（让·）莫里斯吃晚饭，因为他对前者的种种观念感兴趣，而正如前者思想的大胆、简明和直率那样，后者的简略、堂皇、不容置疑的断言同样使他感兴趣。"接下来则是对王尔德作品的简略描述（"他令人高兴，使人发笑，令人惊叹"），并记录了他在饭局上的谈话，首先是他讲的故事。雷尼耶用一句话归纳了他的包括法语写的作品——诗歌、散文、戏剧："他是一个快乐的人……"

"奥斯卡·王尔德先生如今关在监狱里，被剃光了头，身穿一套厚重的囚衣，因严厉监规而遭灾受难。他的住宅已被拍卖，书籍也被毁弃，他的名字也由宣传其戏剧的海报上撤下。命运以最突然、最粗暴的方式背叛了他。经受了长期审判的极度痛苦，他有时就表现出自己觉察到了，他如今病倒在监狱里的处境。我不会坚持他身陷困境的诉讼事由。这些，大家都已知道。王尔德总以为他是生活在文艺复兴时代或者是苏格拉底时代的希腊。因为编年史的错误，他受到严厉的惩罚，要晓得，他是生活在伦敦，这是一个时代错误频频发生的地方。"

雷尼耶总结道，至于讲到他，人们可能只不过记得见过这个友好优雅的巴黎绅士，所有欣赏"漂亮文字和漂亮故事"①的人都会知道这个绅士的名字。

---

① 亨利·雷尼耶著，见《布兰奇杂志》，巴黎，1895 年 12 月 15 日。

回顾一下，我们可能说，在奥斯卡·王尔德被监禁的头一年，反对迫害王尔德者的几乎所有义愤都已化做语言，都表达出来了。还有什么话可以说呢？显然，在英国，还没有出现严肃的企图，去挑战伦敦刑事法院愤怒的法官还不满足的严厉惩罚。在法国，既使抗议表现得更明白、更有根基，抗议也终究是来自外国国民。实际上，在法国，唯一意义重大的"记住奥斯卡·王尔德"的呐喊在1896年初才迸发出来。其时，戏剧出品人吕涅波将《莎乐美》搬上了卢浮宫剧院的舞台，献演了三个夜晚（吕涅波担任希罗德一角）。

此时，狱中的王尔德已获准可更多地写信。他从里丁监狱的监房里写信，要求他最可靠的朋友罗伯特·罗斯传达他对吕涅波的感谢，感谢他让《莎乐美》呈现在观众面前。"鉴于在名誉扫地、含垢受辱的时刻，我还被认为是一名艺术家。"但是，他又补充道："我希望，我能感受更多的喜悦：不过，我似乎已麻木不仁，除了极度的痛苦和绝望，请让吕涅波知道，对他给我的荣誉，我是敏于感受的。他是一位真正的诗人……"

时间已是1896年3月，15个月后，王尔德已经获释，并在法国过着舒适的流亡生活，王尔德给道格拉斯写信称："《莎乐美》作为戏剧出品是一件大事，此事与政府加诸我的待遇得到改善密切相关，我深深感谢与此相关的一切。"[①]

但是，没有必要感谢皮埃尔·路易斯，他未能出席首演式，事实上，这部剧作是献给他的。正如路易斯的传记作者所提示

---

① 前已引用《奥斯卡·王尔德书信全集》，P652~P653；P872~P874。

的，一般都认为，出席《莎乐美》的首演式是支持囚徒作者的一个信号。显然，路易斯仍然战战兢兢，至少谨慎过头了。[①]

1896 年中期，因发表过各种各样的见解，《白色弹子球》杂志扩大发行到国外（且由托尔斯泰和爱布森推荐给法国读者），其时，克劳德·德彪西和莱昂·布如姆分别主持音乐和文学评论，甚至给阿尔弗雷德·道格拉斯爵士提供版面，让他宣传他自己，也给奥斯卡·王尔德辩护。道格拉斯开始了他最重要的事：赞美他自己的作品，把自己划入"一流诗人"。他承认，当他希望在法国受到宣传时，他是奥斯卡·王尔德在法国"唯一的年轻朋友，或者说是奥斯卡·王尔德所爱的有人怜悯、有人厌恶的孩子……"于是，他就成了"道学家教训人的话题，成了一些下流小记者、胡编乱造的痞子开玩笑的目标（十足的巴黎人的玩笑）"。然而，如果他生活在古雅典，"使他蒙羞的同样的犯罪行为却会成为我的荣耀"。

显而易见，他毫不犹豫地赞美同性之间的爱情，不论是一以贯之的或者是源于男人友谊的偶尔为之的。然而，大多数人"对于每一种高贵而美丽的事物都有一种天生的出于本能的厌恶。对于一个奥斯卡·王尔德，过去总是有，将来也总是有千百万个昆斯伯瑞"。

至于他自己的作品，（他写的东西）是十分健康的，并补充道，他是甚为痛苦地说到这一点的；谁会希望成为一个与魏尔伦、罗塞蒂（译注：罗塞蒂，英国女诗人）、奥斯卡·王尔德以

---

① 古戎著，前已引用《皮埃尔·路易斯》，P320。

及其他人为伍的堕落者呢？至于王尔德，他"现在如你所愿，因为是……一个学古希腊之风者，一个同性恋者而备受折磨……"他属于精英分子，"一个真正脱了俗的人"，与米开朗琪罗、契利尼、克利斯托弗·马尔罗、莎士比亚是一个族类。更何况，鸡奸者在智力上一般都超越于别的男人，甚至优于唯美主义者……

在这篇信马由缰、随意挥洒的文章里（《白色弹子球》编辑显然给了道格拉斯完全的自由），作者继续攻击他的父亲昆斯伯瑞侯爵，说是如果不是因为有一位贤妻（道格拉斯之母），侯爵的"兽性"会使他成为一样讨厌的东西。与此同时，奥斯卡·王尔德仍在监狱里，服刑至徒刑期满。"一桩全民族的罪行已经犯下了！"道格拉斯语带讽刺地解说王尔德的境遇。

拯救王尔德还是有机会的，尽管机会比较渺茫。阿瑟·鲍尔弗是英国众议院领袖、财政大臣及多部哲学著作的作者，甚至是奥斯卡·王尔德的朋友，他有权解除他朋友的监禁。如果法国作家和其他反对监禁王尔德的人写信给鲍尔弗，这类有名人物的干预不可能不产生影响。[①]

阿尔弗雷德·道格拉斯肯定尝试过了。

---

① 阿尔弗雷德·道格拉斯著，《我诗集的导言及对奥斯卡·王尔德事件的几点看法》，巴黎，《布兰奇杂志》，1896 年 6 月 1 日，P484~P490。

第十五章　航向自由

英国的监狱系统运作起来与优秀的铁路系统一样有效率。一个囚犯只能在判决之初收监的那所监狱服刑至刑满释放。对王尔德来说，这就意味着他离开当时被监禁的里丁监狱，乘火车旅行去伦敦，这样，他才能够在彭托维尔监狱解除监禁。但是，王尔德又不可能提前几天，就是说在5月15日，而不是5月19日离开监狱。若是提前几天，他就能够避开从英国和别国来的报纸记者（他们会在监狱门外等着他），到时候，他就能谨慎地溜出这个国家。不过，王尔德不会有这种可能吧？再说，他能避免旅行去伦敦被释放吗？（当然，他是在考虑两年前到里丁监狱去所发生的事：穿着囚服，戴着手铐，在火车站遭灾受难地被一群人羞辱。）

他在4月22日的一封信中，向宫务大臣呈报了请愿要求。这两项要求（释放的时间和地点）都被拒绝了。

他和他的朋友们所能掌握的一件事就是释放地。当然，他会去国外，也当然是去法国。5月17日，他几经努力才设法由里丁监狱寄出了一封信给雷金纳德·图纳——被他称之为最可靠的朋友：问图纳能否在离监狱几英里一个考虑周到的小镇会见他，然后在他旅行去南汉普顿时陪伴他，这样，他就能够渡过海峡去勒阿弗尔，再到近海岸的某个避难所。英国和美国记者已经在监狱门口等着他了。"这不可怕吗？我这个残废人，还生着病，外貌也改变得人家难得认出我来；我心力憔悴，成了废墟，蒙受耻辱（在人们眼里，是个麻风病人，一个不可接触的印度贱民），为取悦两岸公众，我要被公开侮辱了！"①

彭托维尔监狱那边的朋友确信，王尔德能到达中央伦敦的布卢姆伯里，在那里一位原圣公会牧师给他提供一个临时的避难所。而这位牧师被撤销圣职就是因为背弃正教支持社会主义。王尔德和他的朋友们首先要做的事情之一，就是用一个假名把他包装起来，以方便他旅行、登记住宿以及诸如此类的事。他挑好一个名字"塞巴斯蒂安·梅尔莫什"，这个名字实际上有家族关系。因为他的曾舅公查尔斯·罗伯特·马图林②号称最后一位哥德体小说家，于1820年发表过一个恐怖故事《梅尔莫什·万德雷尔》。这是一个《浮士德》式的故事：一个魔鬼应承梅尔莫什有更长的寿命，但要以他的灵魂作交换，如果他能找到某个人分享他的命运的话。他企图找到奋不顾身的人是这个故

---

① 前已引用《奥斯卡·王尔德书信全集》，P829～P830。

② 马图林家族本为法国人，直到法国亨利四世所颁布《南特敕令》取消。

事的实质。马图林的虚构故事激发了巴尔扎克的灵感（巴尔扎克写续集《改邪归正的梅尔莫什》），后来也激发了波德莱尔、雷金纳德·图纳、洛特雷阿蒙、安东尼·阿尔托以及安德烈·布雷东等人的灵感。在离开布卢姆伯里之前，雷金纳德·图纳确信，他的朋友的新行李上打的是"S. M."的字头（译注：此为"塞巴斯蒂安·梅尔莫什"的缩写字头）。这个名字将伴随奥斯卡·王尔德的余生，至死他都将用这个名字。

因为客栈老板的关系，他不喜欢狄普。有一次他友好地取笑他的敌手詹姆斯·惠斯勒说："没有一个上流人士会走狄普这条路线"[1]，"我不喜欢（狄普）是因为我是如此熟悉那个地方，但是我能够搬家，我料想……狄普所有的客栈都对我很了解，当然喽，我一抵达就会有人拍电报到伦敦去。"[2]

雷金纳德·图纳和罗伯特·罗斯（今后，他们就成了王尔德最可靠的帮忙人）在当时的环境已经尽了最大努力帮忙办事。他们在桑德维奇为塞巴斯蒂安·梅尔莫什预订了旅馆房间。这是一家考虑周详的旅馆，这两个朋友给房间配置了家具，备有书籍、鲜花和葡萄酒。计划让王尔德花一个下午在海上航行，再在西克罗伊登车站登上火车，以避开见到在维多利亚车站上的人。但是，在伦敦有如此多的事要办，有如此多的人要见，以至于错过了纽汉文港的渡海班轮的出发时间，遂不得不搭乘夜班船于早上4：30抵达狄普。当然，图纳和罗斯都等在登岸

---

① 埃尔曼著，前已引用《王尔德》，P133。
② 前已引用《奥斯卡·王尔德书信全集》，P841~P842。

码头上，尽管王尔德的电报已通知了出发时间，他还是说："你们做梦也想不到不睡觉等着我们。"

罗斯后来讲了接王尔德的情况。"轮渡缓缓进港时，从我们所站的防波堤上的大十字架，很容易认出王尔德盖过其他旅客的高大身躯。正在鸣钟的灯塔对我们意味深长。"至于说到这位旅客："他的脸已经没有了丝毫粗野气息，他看上去有如我认识他之前，他早年肯定是那样打量牛津大学的；也像是他目送了死亡。相当多的人，甚至他的朋友们都认为他的外貌几乎令人作呕，但是，他那张脸的上部却显得格外优雅而知性。"王尔德随身带来了一部装在封口大信封里的沉重手稿。这部手稿是《深渊书简》，这是他在狱中写给阿尔弗雷德·道格拉斯的一封长信，蕴含了这个囚犯的种种悲伤苦楚以及对这个年轻人的责备，而这个年轻人是他的至爱，也是他的灾星。

王尔德有千言万语要倾诉，一连几个小时说个没完，直到罗斯坚持要躺下休息。吃午饭时，他们又相会了，除了王尔德之外，每个人都还是累得精疲力竭。然后，他们驱车去亚克城堡废墟附近散心，该建筑由征服者纪尧姆的叔父建于 11 世纪。他们在断垣上坐了下来，罗斯议论道，王尔德以一种前所未知的方式欣赏乡村及乡村气息。同样，他得为每种东西找到一个形容词——或恐怖、或华美、或怪诞、或灿烂——矫揉造作自然而然就附其身了，罗斯想据此解释为什么王尔德经常被人怀疑不诚实。[①]

---

① 前已引用《奥斯卡·王尔德书信全集》之罗伯特·罗斯未发表手稿，P842～P844。

可以肯定，王尔德及其朋友们熟悉的这个市镇是相当值得考虑的首选地。"全城有两万居民……英吉利海峡上的港口，该城的海水浴场和赌场是狂欢作乐之地；还有良港、美丽的海滩、灯塔、烟草工厂。"在当年的旅游指南中，人们能够读到这种介绍，该城在沿海的胜地中排名居前列。该城曾被查理七世麾下的埃布格兰德所占领，1433年被法国夺回。从那时起，因有大胆的商业和企业家，狄普这座市镇就成了世界上最繁荣、最有希望的城市之一。"后来，妒火中烧的英国轰炸了这座城市，全城几乎完全毁灭。"

而现在："狄普从那时起就已重建，今天已是一个现代城市，有建设良好的街道，因有户外喷泉而干净清爽。环绕港口的码头宏大宽敞。"① 可以肯定，这个胜地豁达大度的质素投合王尔德这个前囚徒的脾胃；但他不得不斟酌经常有英国人出现的问题，因为，对于希望生活在本国之外，却又离本国不远的地方的那些人来说，狄普是个很好的休憩之地。不过，实际情况却是，除了居民之外，这地方的游客不算太多。

注意到这一现象的一位英国历史学家指出，事实上，这块英国殖民地集聚了一个个相互限制严格的群体。"其中有小康的商人、退休的军人（他们不屑于跟任何'生意人'混杂）、卓有功业的上层阶级的居民和新来的下层阶级的暴发户及高低职级的教会教士；当然，还有必不可少的居民——医生、牙医、

---

① 《诺曼底海岸地区导游》，巴黎，《地区导游》，1882年，P57~P58。

牧师、中小学教员……"①

　　刚到法国的几个小时，尽管狄普内外有如此多的英国男男女女出现，王尔德似乎还是蛮舒畅的。他本来打算要跟弗兰克·哈里斯去旅行散心，但现在，登岸不久，他却写信给哈里斯说："关于我们观光的事，让我们稍后再去考虑吧。我这儿的朋友们待我如此仁厚，以至我现在已经觉得开心。"在给一位英国女演员本纳德·贝雷女士的信中，王尔德说："因为现在心神未定，就是说给这个美妙世界的美妙弄得恍恍惚惚，我不可能写得太多；我觉得，我恍惚已从死神边上飞腾而起。太阳和大海于我都显得陌生了。"尽管人们可能认为，他的生活已成废墟，"不知怎么的，我觉得我已超脱出来了，摆脱了寂静、寂寞的生活，摆脱了饥饿、黑暗、痛苦、自暴自弃和耻辱——摆脱了这些感情，我可能得到一点益处。我过了一种不值得艺术家过的生活。这是我的错。"

　　吕涅波，就是那个将《莎乐美》搬上巴黎舞台的人，来看望过一次。关于这次拜访，吕涅波准备写点东西；王尔德写信给朋友，要求这次访谈避免提及他的假名，也别提他住在什么地方，别提他已改变的外貌……"我想要他说的是，过去和现在我对法国是多么感谢，因为在我蒙垢受辱的日子里，他们还承认我是一位艺术家，再说我在英国监狱受到较好的待遇也多亏法国的作家们。"②

---

① 西蒙·帕克南著，《离英国 60 英里，狄普的英国人（1814～1914）》，伦敦，麦克米伦出版社，1967 年，P128。

② 前已引用《奥斯卡·王尔德书信全集》，P845～P847。

可以认为，有人引用英国当局的话说，他们之中有些艺术家给王尔德来到狄普的消息吓了一跳（事实上，他们预先知道王尔德要到狄普来是很不可能的）。在表示关切的人中，已知为王尔德的仇家有：沃尔特·西克尔特（惠斯勒的朋友）、奥伯里·贝尔兹里及乔治·穆尔。他们在设法征募一位法国艺术家雅克－爱弥尔·布兰奇加入他们反王尔德的小帮派。布兰奇所作的回答是："我认识奥斯卡·王尔德为时已久，我认为他是一个有无可争议才能的人。如今，他在受难，如果我不为他做点力所能及的事，那我决不应该原谅我自己。"[①] 而同样来源的信息告诉我们，尽管说了这番仗义的话，雅克－爱弥尔·布兰奇在与其朋友散步时，还是避免跟奥斯卡·王尔德打招呼。

令王尔德感到幸运的是，他很快又有了一些忠诚的朋友。其中一个是名叫弗里茨·冯·撒乌洛的挪威风景画家。看见他在咖啡桌旁遭人侮辱，撒乌洛朝他走过去，大声对他说："王尔德先生，今晚若能让您跟我们一家共进晚餐，我和内人备感荣幸。"（王尔德感激地接受了邀请，并成了他们家的熟人。）另外一位新盟友是澳大利亚画家查尔斯·康德，此人开初似乎是站在反王尔德小帮派一边的。最后，还有小说家亚瑟·斯坦纳德女士，她以约翰·斯特兰奇·温特的名字从事写作。有一次在格朗街街头，事属偶然，斯坦纳德觉察出了一群英国观光客有

---

① J.－E. 布兰奇著，《生平肖像》，1937 年，引用帕克南著《离英国 60 英里，狄普的英国人（1814—1914）》，P165。

意不理睬王尔德。她赶忙奔向王尔德，伸出手臂让他相挽，朗声说道："奥斯卡，带我去喝茶。"①

---

① 帕克南著，前已引用《离英国 60 英里，狄普的英国人（1814—1914）》，P166~P168。

第十六章　诺曼底乐园

　　王尔德还在监禁中，就梦想有个狄普以外的避难所。5 月 17 日，他从里丁监狱写信给罗比（罗伯特·罗斯）说："我现在听说又一次决定在狄普。我不喜欢狄普，狄普人都了解我，但是，我可以搬家，我料想……如果你能在狄普以外找到一个地方，一个安静的小地方，离城约 10 英里，乘火车能够到达，求求你这么做。"找到这个梦寐以求的地点得花点时间，那儿没有铁路接驳站——但是，王尔德还是会很高兴的。邻近贝尔尼瓦尔的梅村离海岸只有 5 英里，拥有一家相当舒适的旅馆，且难得有外来人。（只有罗比知道，拉他们到那儿去的出租马车是由一匹白马拉辕的，这匹白马是在本地土生土长，认得路，希望见见它的双亲。他提醒他的朋友说，"这地方真是太奇妙了，我知道贝尔尼瓦尔还存在，简直就是为我准备的。")①

5月26日，王尔德和罗比搬进了海滨旅馆的客房。第二天，王尔德给雷金纳德·图纳写信道："这是我独自一人的第一天，当然，也是很不快乐的一天。我开始认识到我的可怕的孤立状态，整天都思绪万千，难以自禁，倍感辛酸。"直到后来他才想通，过去，他对什么东西都是轻松以对的。罗斯是个虔诚的天主教徒，王尔德却一直是个冷淡的新教徒，一直羡慕他的朋友；现在，他想，他能达到天主教的信仰。你猜怎么着：就在离他下榻旅馆不足50码的地方，有个名为里埃斯的圣母院。他想，他有力量步行到那儿。"还用我说，这是一个奇迹吗？我想去作一次朝圣，我发现，这座灰色石砌的快乐圣母小教堂，是使我苏醒的地方。"他已经去这座乡村教堂做过弥撒。

"我觉得，贝尔尼瓦尔会是我的家。我确实这么想。如果我跪拜快乐圣母，她会感到高兴，并将给我忠告。"

在下一个星期天，他又去做弥撒，应本堂神甫之邀，他坐到了唱诗班的席位上。"他知道我是一个异端……他说，因为法国大革命时期英国仁厚对待流亡的教士，上帝将使英国皈依天主教。"②

在给英国戏剧评论家爱德华·罗斯的信中，除赞赏罗斯让身陷囹圄且被忘掉的人的名字继续存在于报刊之外，王尔德还表达了对其现在的东道主赞赏。"法国已给了我一个可爱的栖身

---

① 前已引用《奥斯卡·王尔德书信全集》，P835～P836，P867。
② 前已引用《奥斯卡·王尔德书信全集》，P858，P866～P867，P884。

之所，且不乏同情，我几乎可以说是欢迎的意味；法国是所有艺术家的现代化母亲，她有许多任性的儿子，她总是能够抚慰，有时能治愈他们。"①

当年，王尔德的伦敦生活奔波劳碌，变故颇多，危险不少；他的牢狱生活更是痛苦不堪。因而，不足为奇的是，当他终于能够过上静谧的生活，置身于田园诗一般的风景中，他还要寻求更加世外桃园般的生活。他准备要拿出他这种追求的具体证明，因为海滨旅馆的老板拟给他建一栋山间木屋，占地1千平方米，带海景阳台（当然，也能观赏树木），报价总共1.2万法郎（当年相当480英镑）。这木屋有如莎士比亚的住宅（他后悔这样比喻）。"如果我能写一个剧本，我就准备让其开工。"

与此同时，在等待他定制的山区木屋时，另外一栋瑞士式夏季别墅也可租用。（一季甚至一年才32英镑租金："十分迷人。感觉绝佳。有一个大大的写作间，一间餐厅，三个可爱的卧室，旁边是间仆人房，也有一个大阳台。"他将仍然在旅馆用膳。）

他一个劲儿地念叨着："我热爱这个地方。这整块地方都是可爱的，苍郁的森林，青草茂密的牧场。这地方质朴而健康。如果我住在巴黎，我可能注定要遇到我所不愿做的事情。我害怕大城市……我怕巴黎。"

罗伯特·罗斯有一份正当的工作，也是最通情达理的人，很久以来就是王尔德钱财的经理人，也是王尔德与其妻康斯坦

---

① 前已引用《奥斯卡·王尔德书信全集》，P864。

丝之间的中间人。今后，他就要领受王尔德连珠炮一般的金钱要求——通常是小额的（就像现在，6月初，就要一笔现款，用以支付小别墅半个季度的租金）。罗斯犹豫了；王尔德对他保证说，住别墅的费用比住旅馆少。罗斯担心的是，王尔德会在别墅呼朋引类，高朋满座；王尔德回答道："只有罗斯才受欢迎——于是，罗斯得付租金……"王尔德在6月6日提醒罗斯说，"直到我弄到钱之前，别墅都是空着的，几个星期后，英国人就要在此上岸了。我害怕。"[①]

在贝尔尼瓦尔度夏期间，王尔德继续频频去狄普玩，尤其是在收到罗斯寄来的支票时，得去银行兑取。他趁便赴斯坦纳德之约，公开与他们一家在餐厅用早餐，或者，在瑞士咖啡馆的拱廊里会见他的画家朋友查尔斯·康德（然后，留在那儿写信）。那些过去认识他的人都注意到了，王尔德的外貌有了明显的改善，那是每天洗澡的结果。但是，终究还是有一个知道他昔日生活的人是这样描述他的："体态臃肿，脸色深红，两腮下垂，样子可怕。"

社会上对王尔德的拒斥和责难还继续存在。有一天，王尔德的朋友，也是同辈作家的文森特·奥沙利文与王尔德一伙朋友，跟王尔德在狄普一家朴素的咖啡馆就座，有一个带妻子和孩子在邻桌就座的法国人，召来侍者领班，表示反对王尔德在场。该领班及时转告这个意见，遂对王尔德附耳低语道："看来，这孩子对吸烟有异议。"王尔德一听此言，立即起身走出咖

---

① 前已引用《奥斯卡·王尔德书信全集》，P867～P869，P883～P885。

啡馆，他的朋友也跟了出来。①

另外一个老熟人，画家威廉姆·罗森斯坦感到，王尔德会欢迎较友好的面孔，遂提出要过狄普来看他。朋友能这样说，王尔德就高兴了；他让罗森斯坦晓得，他和一个陪伴他的朋友可能下榻于贝尔尼瓦尔的旅馆里，旅馆老板是"一位超群的艺术家"，"经常傍晚去海边散步，以获得第二天的创作灵感"。王尔德还通知他的朋友，他尚未从坐牢的痛苦和失望中走出来；另一方面，他也领悟了许多东西。他并不以坐牢为羞耻，"那只不过是过了一种不值得艺术家过的生活……我确实知道，明显不自然的物质主义生活、愤世嫉俗却又充满欲望的哲学、狂热追求官能享受和无意义的舒适，对于艺术家而言，都是坏事……"他现在知道了，健健康康并为思考而隔离的友谊，也是一种生活方式。

他在海峡渡口码头等人。罗森斯坦迎上前来，感叹道，他看上去十分健康（他是"比从前瘦了一些，健康了一些"）。手持拐杖的王尔德冲他的脑袋挥了挥手杖，说道："你怎么能说这种话，你就看不见，我不靠拐杖就站不住吗?"②

6月，有过一场流产了的会见。王尔德对这场会见，亦即与道格拉斯的和解，想得很苦，却又怕得厉害。王尔德写信给道格拉斯的一个新朋友说："他是个最为优雅而精致的诗人，有着奇异魅力的个性。我尚未见到他，但我准备让他几天后过来。

---

① 帕克南著，前已引用《离英国 60 英里，狄普的英国人（1814—1914）》，P172～P173。
② 罗森斯坦著，前已引用《人物与回忆》，P111。

我们的生活被拆散了，我们彼此深深相爱，我们的心灵隔空相亲，万般柔情。"① 王尔德这般说来，仿佛忘记了在坐牢的最后时日写下的洋洋洒洒、长篇大论的对道格拉斯的"起诉"——那是篇幅几近100页的一封信，在他出狱时交给罗伯特·罗斯，后以《深渊书简》为书名出版了。实际上，为道格拉斯秘密来访的仔细安排已经作好了：他得使用"让科勒·杜瓦伦"的名字，且穿着夏装、带着游泳衣"悄悄离开巴黎"。写下这封信之后一天，王尔德就不得不取消这个会见，因为他的律师不允许他们见面；据推测，王尔德的妻子会因此切断他唯一的收入来源。②

道格拉斯没来成，却来了一位不速之客。

"因为我过去是见到他的最后一名法国人，我想成为再见到他的头一名法国人。"安德烈·纪德解释道。他未预先通知就抵达了贝尔尼瓦尔，人家告诉他，梅尔莫什先生在狄普，傍晚前不会回来。纪德只得在空荡荡的海滩溜达，度过了一个下午；他觉得天气"几乎是冬天"，"关于王尔德的一切都是丑陋的；王尔德怎么可能选择这样简陋的地方生活？真可怜。"

他找到了王尔德下榻旅馆的位置——这至少赢得了纪德的表扬，旅馆很清洁，坐落地点也称心，尽管其他旅客蠢笨乏味。所幸的是，纪德随身带了一本书。他终于听到了马车声，来者

① 1897年6月15日致爱德华·斯特兰曼的信，前已引用《奥斯卡·王尔德书信全集》，P898。
② 前已引用《奥斯卡·王尔德书信全集》，P899~P903。

就是梅尔莫什先生。

王尔德冻坏了；他在什么地方丢失了所穿的外套。他把丢失外套归咎于一支孔雀羽毛，那是头一天他的仆人给他的：霉运当头，这可比丢失外套更糟糕。餐厅侍者忙忙碌碌为他准备酒水混合饮料，王尔德几乎没有去留意他的访客（纪德认定，王尔德不希望在别人面前流露情绪）。在纪德这方面，发现自己面对的已不是前几年在阿尔及利亚时的野性的人，而是一位文静的朋友，他于是身心放松了。

王尔德把纪德引入他布置得颇有趣味的两居室套房。一尊哥特式玛利亚雕像，由一个大支撑台高托着，君临全室，桌上一摞书中有纪德新近出版的《大地的粮食》。在灯光下，纪德能够较仔细地察看这个前囚犯：他的脸变红了，皮肤粗糙了；一双手也粗糙不堪，却戴着普通的戒指。他的牙齿堪称一片废墟。

纪德使得他们的谈话有种得抓紧时间的味道，仿佛他们一夜之间就要分开。纪德开始问道，在阿尔及利亚你明知在英国等着你的是什么，而你却自投罗网，真是这么回事吗？不错，他知道会有这样那样的大灾难。但是，你不得不去对付。"监狱完全改变了我，我指望发生这种事。波（茜）太可怕了……他不可能理解，我不会回到同样的生活方式……而且，一个人也决不可能那样做。我的生活有如一件艺术品；一位艺术家不会两次有同样的起头，除非他一败到底。我入狱前的生活说有多成功就有多成功。如今，成功已是明日黄花了。"

在点燃了一支香烟后，王尔德继续说道："公众是如此可怕，以至于他们只凭一个人所做的最后一件事来认识这个人。

如果我现在回到巴黎,我就是一个罪犯。在写好一部剧作之前,我不想重新在巴黎露面;在那之前,我必须安心度日。"他猝然问道:"我到这儿来不对头吗?我的朋友们想要我去法国南部休养,因为刚出狱时我精疲力竭。但是,我要求他们为我在北部找一片小海滩,在那里我看不到一个人,也难得见到什么太阳……

"在这里,人人都对我很好。我爱这个小教堂:你会相信它叫'快乐圣母'吗?……现在,我知道了,我决不能够离开贝尔尼瓦尔,因为本堂神甫已在唱诗班给我留下了一个永久席位……"

他谈了许多事情……纪德努力把话题转到严肃的事情上。王尔德说到了怜悯(福楼拜缺乏怜悯心,这就是为什么他的作品显得"闭塞")。对他人的怜悯之心,正是帮助王尔德在狱中生还的东西;怜悯之心是世间存在的最美的东西,他不可能憎恨那些送他去监狱的人,因为他们使他有可能发现这一点。

在狱中,他努力了一番,去读古希腊语、教会长老著述……但他最后才发现,但丁《神曲》的"地狱篇"才最合脾胃。他勾勒了戏剧轮廓,希望写一部以法老为题材的戏剧,再写一部关于犹大的戏剧,一部名为《阿夏布和杰萨贝尔》的剧本。

回巴黎时,纪德就赶紧去走访阿尔弗雷德·道格拉斯。而在道格拉斯看来,王尔德寻求悠闲的一番谈话是荒谬的。"过孤灯黄卷的无趣生活,他完全没有能力坚持得住。我确实知道这一点,因为他每天都写信给我。在孤寂之中,他绝对做不了什么有益的事;他不断有分心的需要。"他已经答应要来巴黎,只要他一完成名叫《地狱》的剧本。

　　为了比王尔德的许多亲密交往的人更深刻地解读王尔德的状况作一番指引，纪德在此添加了他自己的评论。王尔德最终还是去了巴黎，尽管只是在租住的别墅里度过了剩下的夏季时日。但是，他的剧本并没有完成，也绝不会完成。"过去两年来，王尔德遭灾受罪太重，人也太消沉了。他的意志力已被粉碎。"事实上，在出狱后的最初几个月，他还信任自己；到后来，就对自己失去了信心。

　　纪德看到，他的朋友像一个"退位者"一般，失去了决心。在他已成碎片的生活里什么也没留下，除了从前就有过的发霉的气息；除了证明他还能思考的偶然的需要；除了一点儿硬逼出来的机智（就是这点东西尚须折腾一番才能得到）。①

---

① 纪德著，前已引用《纪念奥斯卡·王尔德》，P34～P48。

第十七章　夏季结束

　　这个夏季，堪称多年来王尔德称为夏季的头一个夏季，也是他生命中所能享受的最后一个夏季。这年的 6 月 22 日，海峡彼岸的英国正在庆祝维多利亚女王在位 60 周年纪念（她于 1837 年成为女王）。当年，在减轻奥斯卡·王尔德的苦难方面，女王什么也没做，但是，他现在舒适安居在贝尔尼瓦尔自己的小屋里（布尔雅小木屋），在当地，周围的人都对他友好相待，他着意要在海峡此岸也把 6 月 22 日弄成节日来纪念。

　　他把这叫做花园派对纪念，奉献给街坊的孩子们；请客上门的事由当地和平咖啡馆老板的孙子一手操办。"小客人名单严格限制在 12 位，"王尔德在短简里给要来访的英国诗人厄内斯特·道森解释道，"……因为这个花园至多只能容纳 6 个人，我觉得 12 名已经足够多了。我憎恨一大堆人。"他很快就出门去订购草莓。开过派对第二天，他向阿尔弗雷德·道格拉斯通报道，他办的宴会大为成功。招待了 15 个小淘气，让他们享用了奶油草莓、杏、巧克力、蛋糕以及石榴糖浆，"我们订做了一个大冰镇蛋糕，用粉红色糖料在上面写上了'维多利亚女王在位 60 周年纪念'……一个红玫瑰大花环环绕着大蛋糕。"他领着他的小朋友们欢呼："英国女王万岁！"——尔后，他想到，他最好得加上"共和国总统"。但小家伙们都宁可高呼："共和国总统和梅尔莫什老爷万岁！"他觉得，这真是一场有趣的体验，他出狱才一个月啊。

回到镇中心，孩子们站在镇长家门外高呼："镇长万岁！英国女王万岁！梅尔莫什老爷万岁！"[1]

在随后几天里，每当王尔德经过镇中心，他都能听到同样的口号，有时候"梅尔莫什"竟在女王之前喊出来。"这可是一种令人惊叹的地位。"[2] 在给罗伯特·罗斯的一封信中，王尔德评说道。

王尔德现在如在家中的感觉究竟有多浓烈，可由他致一位老朋友卡洛斯·布莱克的信看出真相来，还是在较快乐的伦敦岁月里，布莱克就是王尔德的朋友。王尔德开篇道："我知道，你希望听听我的情况，我在干什么，在想什么。"

"嗯，我住在一栋面朝大海，带一个花园的小别墅里。这是一栋可爱的别墅，有两个大阳台，我在这里度过了诸多白昼和许多个黑夜：贝尔尼瓦尔是个小小的地方，全镇就一家旅馆，

---

① 前已引用《奥斯卡·王尔德书信全集》，P906～P907。
② 前已引用《奥斯卡·王尔德书信全集》，P909。

约20栋别墅；迄今我能看到的人也就是到这儿来住的布尔乔亚。这里的海有可爱的海滩，一个小山坡，一面朝海，另一面是一道小谷，陆地上到处是树林和鲜花，颇像萨里：青草茵茵，绿荫如盖。"他在信中提及了巴黎来访的以及期望要见的朋友，"我在狱中领悟了许多事情，领悟了这些也委实可怕，但是，我学到了一些我所需要的教训。我学会了感谢：尽管在世人眼中，我当然是个可耻的身败名裂的人，但每天我对还留给我的那些美丽事物仍然充满惊奇——忠诚可爱的朋友，身体健康，书籍。上帝赐予每个人的许许多多东西中最伟大的东西——四季的壮观，绿叶鲜花之美，清辉洒地的夜晚和金辉曦微的黎明。你务必不要以为我病态般悲惨……"①

其实，王尔德的诺曼底夏天也不是完全闲散。在过去写的故事和剧本被遗忘之后，他开始写许多读者能长久记住的作品，即萦绕于心的监狱诗歌《里丁监狱歌谣》。在他的记叙中，一名英国皇家骑兵禁卫军成员杀害了他爱的一个女人；该军人在里丁监狱等着被处绞刑。该诗是一首挽歌，其他所有犯人跪着为这个要"被吊死"的男人祈祷。

> 人人都杀死他所爱的东西，
> 这一点要让所有人都听到，
> 有的神色痛苦这样做，
> 有的一边做一边谄媚讨好，

---

① 前已引用《奥斯卡·王尔德书信全集》，P911～P912。

懦夫这样做会送上一个吻，

勇士杀人拔剑出鞘。

　　作为另外一个夏季项目，他跟一位伦敦剧院经理及演员查尔斯·文德汉姆谈妥了，为英国舞台改写一个法国喜剧作家欧仁·斯克里布的剧本《一杯水》（恰当地说，情节发生在 18 世纪安妮女王的伦敦宫廷里）。实际上，文德汉姆从伦敦到狄普再返回，作了一天的旅行，可花在跟王尔德洽谈上才 3 个小时；他同意自由改编，王尔德很喜欢这一点。

　　结果，改编一事并未发生。文德汉姆的报价降低了。"我只不过没有听从要写更精巧喜剧的要求，而我觉得最好对他直言相告。"[1] 这话是一个重大声明，但也是悲剧性认账：因为，事实上，在坐牢之前，他已经成了当年当地最受欢迎的喜剧作家，而他不准备重新获得这种地位。

　　他要求他的老朋友罗伯特·夏拉德来他的夏季寓所看他。8月初抵达的夏拉德发现，这个前囚徒"兴致勃勃、情绪高涨"；实际上，夏拉德认定，是监狱生活的约束和供食制度给他朋友带来益处，就像王尔德晨泳会有益于身心。王尔德的海滩小屋的门不易打开时，他立即上前去用力把它打开。夏拉德想，要是在从前王尔德就会派人去干这活儿。这位来客得出结论，监狱使得他"更加有男子气"。令夏拉德遗憾的是，他不可能当场拍下照片，显示给英国人看，"这儿有个本色男人"。

---

① 　前已引用《奥斯卡·王尔德书信全集》，P915，P918～P919，P936。

同样，这里也有负面信号。事实上，当时，他尚不能以他自己的名字写任何东西，这就完全打消了他从事写作的勇气。他妻子的家人想方设法不让他接触妻子和孩子，这也败坏了他卷土重来的士气；与此同时，他还受到阿尔弗雷德·道格拉斯的信函和电报的骚扰——重新见他，明摆着是危险的。"……道德复兴的所有机会都会失去，他的妻子和孩子一定会离弃他，而他昔日的诽谤者几乎就在他很多朋友中被证明是言之有理的。"

　　每当道格拉斯的电报到达，夏拉德就观察王尔德的情状；每一封这种电报都使王尔德处于"急躁易怒与困惑莫名的战栗之中……王尔德希望追求一种新生活，但是，除了又坠回旧日的交游圈子之外，王尔德面前似乎没有其他前景"。当电报生每次交付道格拉斯"白痴一般孩子气的电报"，叫他付钱时，他老是差钱。相对来说的小钱都让王尔德犯愁，这表明他经济上的拮据。他还不能找到任何一个人，来凭他喜欢承担写作抱负不凡的作品而为他筹集钱财；而人家开价让他写的东西几乎没有。"我宁可继续干缝麻袋的活。"他告诉夏拉德说（即他在监狱被派做的工作）。

　　夏拉德看出来了，王尔德的名字和声望还是可能为他在巴黎赢得职位，是能挣到钱的，在巴黎这地方，"他作为英国式伪善的牺牲品而受到尊敬"。比方说，靠为法国报刊写稿，他就可能挣得可观的钱；再说，夏拉德在那里当巴黎的《日报》编辑，已提出雇他给报纸写每周一次的专栏。王尔德谢绝了，（尤其是）因为他不希望挖掘自己的丑史以获利（或者只是夏拉德如此认为）。

夏拉德能够肯定的一件事情是：从登陆法国那一刻起，王尔德就受到为昆斯伯瑞侯爵服务的私家侦探的监视。例如，老是有"未曾见过的神秘人物在别墅边徘徊"。有一次，那是个雷雨交加的夜晚，夏拉德提议，他们邀请这个神秘的陌生人进屋来喝杯茶。"不，"王尔德回答道，"这像是平头百姓虚张声势。"[①]

还是在夏天远未结束时，奥斯卡·王尔德就有天塌下来的感觉。跟他们夫妻二人都是朋友的卡洛斯·布莱克还在7月就告诉了他一个残酷的消息：康斯坦丝患上了弥散型脊椎麻痹症。她与王尔德未经和解就要死去，而且，这还使他更不易亲近年幼的儿子。他希望通过工作救赎自己，但是，他已不可能真正工作了。8月初，王尔德对一位朋友说："我并不梦想社会地位复原，也不想社会地位，但我想重新做艺术家的工作，就是希望做艺术家工作。在剧本写作上，已有许多人开了价，但至今什么也没做。"他还在写作《里丁监狱歌谣》，并希望马上写完它，这可给他带来一些钱。但是，他对自己的缺点也看得清。"我尚未走上工作轨道。"他告诉奥古斯丁·达里。这是一位纽约和伦敦的剧院经理，他希望王尔德写剧本。"稍后，我希望恢复集中意志力，这样才可操控艺术，才能重新产生某种好东西。"毋庸置疑，他是自己状况的最佳分析者。

一个不祥的信号是，他被拉得离阿尔弗雷德·道格拉斯越

---

① 夏拉德著，前已引用《奥斯卡·王尔德：不幸友谊的故事》，P232～P245。

来越近。道格拉斯不敢造访狄普或贝尔尼瓦尔，于是，王尔德去见他。"……我重新干起美妙艺术工作的唯一希望就是跟你在一起，"王尔德告诉道格拉斯说，"情形并不像过去的日子那样，如今情况不同了，你确实能够在我身上重新创造出精力和快乐力量的感觉，而艺术就有赖于此。每个人都因为我要返回到你身边而火冒三丈，但是，他们不理解我们。"道格拉斯后来记得："我在车站会见他时，可怜的奥斯卡哭了。我们臂挽臂或手牵手漫步了一整天，感到妙不可言的快乐。"愁惨的夏末天气也加深了王尔德的绝望，或者说给了他一个借口。"我简直不可能忍受贝尔尼瓦尔，"他告诉罗伯特·罗斯，"上个星期四，我差不多要在那里自杀……我是如此厌倦。""贝尔尼瓦尔的气候无论如何是太英国式了。"他通报给威廉姆·罗森斯坦听。

　　一切都暗示了舞台布景的急剧变化。"我不可能在这里写作，"他从狄普告诉卡洛斯·布莱克，"寒冷的天气，阴郁的英国式气候，这一切都令人麻木。"如果他能筹到钱，他就将会离开这里而去意大利。①

---

① 前已引用《奥斯卡·王尔德书信全集》，P920～P934。

第十八章　意大利插曲

显然，王尔德一直在寻求借口，以逃离秋天的诺曼底；或许，寻求一个梦，梦想恢复跟波茜（阿尔弗雷德·道格拉斯爵士）未被复杂化的关系以及离开敌对分子的环境，这可是大好事，以至于难以抗拒。意大利南方有种种优越之处，却无任何缺憾。他将在那不勒斯会见波茜；他所需的一切就是弄到钱到那儿去。"我想要花上 10 英镑才可到拿不勒斯去，"9 月中旬，他写信给道格拉斯说，"这可不得了。"他决定去意大利途中在巴黎停留一会儿。这可是正确的一步棋，因为，在巴黎他可以找忠诚的朋友爱尔兰裔美籍作家文森特·奥沙利文借钱；午饭后他们停留在奥沙利文的开户银行，王尔德得到了他所需的钱。他让道格拉斯跟他一路乘夜班火车去那不勒斯。

"我回归波茜在心理上是不可避免的。"王尔德写信给他最密切最理解的朋友罗伯特·罗斯，"这是尘世强加在我头上的。"

他告诉罗斯，没有"爱情的气氛，我就不可能生活"。罗斯不可能给他爱情，因为罗斯要负许多高尚的责任，只能承担得起给他"一周时间的同伴之谊"。当然，人人都扼腕叹息的是，王尔德又回到阿尔弗雷德·道格拉斯身边，但是，道格拉斯能够提供爱情；因此，"在跟可怕的市侩世界斗争三个月之后，孤单耻辱之中的我自然回到他身边。"

他们的计划是，找一处小小的郊外住宅或公寓，并在一起工作。"这样可让人们晓得，我仅有的生活或文学活动的希望就是回到这个年轻人身边，回到这个我从前爱过却给我的名誉造成如此悲剧性后果的人身边。"

当然，王尔德还有些朋友仍然与他妻子保持接触，而王尔德的妻子对他这个决定哀痛不已。这个决定使王尔德进一步远离了夫妻和解的任何希望。"如果康斯坦丝允许我看我的孩子，我想我的生活就会是另一番天地了。"

王尔德的朋友都实在惋惜他的决定，并都表达了这种惋惜，而王尔德却继续设法证明自己满有道理。致雷金纳德·图纳的信中："我爱（道格拉斯），我一直爱着他。他毁掉了我的生活，而正是那个原因，我似乎强制自己更加爱他：我认为，如今我将做高尚的工作。波茜本身就是诗人，在所有年轻的英国诗人中是超凡脱俗的第一名……我准备力挺这位诗人。"[①] 与此同时，他的妻子康斯坦丝如今病得很重，患上了一种所谓弥散型脊椎麻痹症（一次事故引起的）。病中的康斯坦丝以快件发送了一封

---

① 前已引用《奥斯卡·王尔德书信全集》，P935，P941～P943，P947。

信给王尔德，信中所言毫无通融的余地。"我禁止你见阿尔弗雷德·道格拉斯爵士。我禁止你回到你那污秽、疯癫的生活。我禁止你住在那不勒斯。我不准你来热那亚（她在此就诊）。"

而在那个时候，王尔德和道格拉斯已在那不勒斯湾的坡西利坡找到了一所郊外住宅；他们在这个地区的旅行包括在游览胜地卡普里驻留。

然而，对奥斯卡·王尔德而言，还是没有太平日子。后来，他向罗伯特·罗斯谈到了他的受骗。原来，当他和道格拉斯终于在去意大利的途中会合时，他才发现，波茜既没有钱，也没有个计划，完全忘记了自己的诺言。"他一门心思想的是，我应该为我们俩筹钱。我是这样做了，多达 120 英镑。波茜就靠这笔钱，过得快快活活。当然，在他得偿还他自己的用度时，他就变得冷酷无情、卑鄙吝啬，除非只跟他一个人的享乐有关，而当我中止补贴时，他就掉头而去。"①

---

① 前已引用《奥斯卡·王尔德书信全集》，P1029。

第十九章　美术街

我们绝不知道，是什么导致奥斯卡·王尔德在美术街（后来他在此去世）开始他的巴黎生活的。但是，对于一个住在巴黎却囊中羞涩的人说，住这条街似乎是个绝佳的选择。这条小街是19世纪初（准确说是1825年）开辟的，很快就有两排小屋拔地而起，其中开了几家不起眼的旅馆，适合外省来的学艺术的学生（及其教授）。因为这条街的西边波拿巴街一侧紧邻美术学院纪念碑大门，其中心建筑坐落于一所古修道院原址，是路易十八统治时期所建的一所宫殿。如往右拐上波尔巴特街，走几步便可去塞纳河堤岸，卢浮宫全景可尽收眼底。

人们不知道"塞巴斯蒂安·梅尔莫什"抵达尼斯旅馆的准确日期，或许是（1898年）2月13日。这一天是《里丁监狱歌谣》在伦敦正式出版的日期（这一次他的许多通讯都关系到该书的发行以及给评论界和朋友快件发送该书赠阅本）。在抵达只一个星期之后，塞巴斯蒂安·梅尔莫什就能够给一位英国朋友写信："巴黎的理性氛围很适合我，我现在有构想，而不只是激情。那不勒斯真是要命。"①

或许，在给他若即若离的朋友弗兰克·哈瑞斯的信中，显示出他更加现实了。"我亲爱的弗兰克，至于写喜剧，我已经失去了艺术生活的原动力，失去了生之乐趣；这可糟透了。我有愉悦和激情，但是，生之乐趣却消逝了。我走在败落的路上，陈尸所正开门等着我。"

不过，王尔德也有美好时光。比方说，他的《里丁监狱歌谣》受到了好评，卖得也不错；他的挪威朋友画家弗里茨·冯·撒乌洛偕其妻从狄普来巴黎，带上不幸的奥斯卡出门去度美好时光（在没有熟人的地方）。还有一天，他出席了沙龙美展首展日，参观了罗丹的巴尔扎克塑像——当时看上去塑像极好的，后来耸立在蒙帕纳斯大道也好极了。"看看一个传奇小说家是什么，或者说应该是什么样子，"他写信告诉罗伯特·罗斯，"一个陨落天使的狮子似的头颅，身着浴袍……参观者对着它愤怒地吼叫。一个恐怖地凝视过塑像的女士把注意力径直投向从旁经过的罗丹……她评说道'而此人还不像是一个坏人嘛'。"②

当然，也有难挨的时光。诸如有一次，与安德烈·纪德不期而遇，纪德马上就领悟到，王尔德决不会设法写剧本了，而在贝尔尼瓦尔却谈到过写剧本的事。"社交界想要除掉一个人

① 前已引用《奥斯卡·王尔德书信全集》，P1023。
② 前已引用《奥斯卡·王尔德书信全集》，P1058。

时，懂得如何把握局面。"纪德暗自想道，"他的意志已被粉碎。"那天，纪德跟一个朋友在格朗大街一带漫步，听见有人喊他的名字。原来是奥斯卡·王尔德——但是，自从他们最近一次在诺曼底相见，王尔德已变得多糟糕呀！那次王尔德说，在写剧本之前，他不可能公开亮相。但王尔德现在巴黎，却没有剧本。因为他拜访人家，人家闭门不纳，他也就不再设法去见人家了。

此刻，王尔德坐在咖啡馆里，为纪德及其朋友点了鸡尾酒。纪德开始在王尔德对面坐下，背对着过道。但是，王尔德注意着他这个举动，把这看做纪德窘迫尴尬（而纪德抱歉地说，王尔德没看错），于是朗声说："哎呀！坐这儿来吧，坐我这边，"一边指着他身边的空座位，"我现在是如此孤单！"

纪德记叙道，王尔德着装得体，但他的帽子还有待改进。可分离的领子也得当，就是不够干净；他的外套袖子也磨损了。

王尔德追述道："当年，跟魏尔伦相见时，我不因他而尴尬，我那时阔气有钱，荣耀加身，十分快乐，但我觉得跟魏尔伦比肩而坐是一种光荣，即便他喝醉了……"尽管坚持要付酒水账，王尔德还是把纪德引到一边说，他绝对是没钱了。

几天后，他们又相会了。纪德提醒王尔德，在写完供上演的剧本之前，他应该待在贝尔尼瓦尔。王尔德打断他的话说："你务必不要责备一个遭受过沉重打击的人。"[①]

---

① 纪德著，前已引用《纪念奥斯卡·王尔德》，P48～P51。

即便事不关钱，王尔德跟《里丁监狱歌谣》的法文译者亨利·德·达夫雷还是有过一些欣然一致的会见。的确，王尔德是跟这位译者合作从事这项工作的。王尔德已经坚持过，该歌谣以散文形式翻译；实际上，对于译出的作品能让人称心如意，王尔德并无把握，因为"韵文，若没有音乐性，就什么也没有留下"。结果，王尔德不止是称心如意。《里丁监狱歌谣》的法译本于 1898 年 5 月发表在有声望的《法兰西信使》月刊上，后又于是年秋天结集出书。此时，奥斯卡·王尔德觉得他又存在于世，在伦敦和巴黎存在了。

"存在"实在可能是一个恰当的用词。正因为他是一个适宜的优秀聆听者，王尔德如今被卷入（哪怕是轻微程度）"德雷福斯案件"，是那种稍带一些玩味案件中选派角色的卷入：要塞司令费尔迪朗·埃斯特拉齐，此君变成了法国陆军高层伪造证据的关键工具，用以伪造阿尔弗雷德·德雷福斯上尉犯叛国罪的证据，指控德雷福斯经由法国和意大利使馆武官传递军事秘密给敌人。在此，居间人是罗伯特·夏拉德，一位反犹斗士，现在也是个酒鬼，还有一个似乎受尊敬的英国记者罗兰德·斯特朗。此人为《观察家报》和《晨邮报》（两家伦敦报纸）以及《纽约时报》驻巴黎的通讯员。夏拉德介绍斯特朗去《自由言论》办公室找埃斯特拉齐，该报是由埃杜安·德吕蒙出版的恶毒的反犹报纸。本人反犹又反德雷福斯，罗兰德·斯特朗发现易于获得埃斯特拉齐的信任，最终将可为英国报刊买下埃斯特拉齐的"透露之事"。

1898 年元月，因涉嫌实际给法国当间谍的埃斯特拉齐被法国军事法庭宣判无罪（德雷福斯已于 1894 年被宣判犯有此罪，且现仍在流放犯充军地服无期徒刑）。宣判埃斯特拉齐无罪，引起了到庭的陆军军官们的一片欢呼，与此同时，埃氏的起诉人，法国陆军情报局长却因出卖军事机密已迅速被捕。到后来，爱弥尔·左拉发表了他轰动一时的公开信《我控诉》，在信中，他宣称，法国陆军高层制造了针对德雷福斯的虚假证据。左拉本人很快将因犯有诽谤法国陆军的罪行，被迫逃到英国。

到这时，要塞司令埃斯特拉齐因有陆军和政府的支持而感到高枕无忧了，遂寻求从其法院判决的胜利挣些钱。赚钱的工具就是新闻记者罗兰德·斯特朗，而斯特朗则于 1898 年 3 月的最后几天邀请奥斯卡·王尔德跟埃斯特拉齐一道共进晚餐。王尔德事后写信告诉老朋友卡洛斯·布莱克（他积极参加了还德雷福斯清白的运动）说："这位要塞司令真是令人愕然。"王尔德还应承道："哪一天我将会告诉你，他所说的一切，当然，他别的不谈，只谈德雷福斯和团伙。"

埃斯特拉齐准备好要谈的是，他（埃斯特拉齐）是备忘录的真正作者，这份著名的虚假文件认为德雷福斯将军事秘密列表，涉嫌送交德国武官。埃斯特拉齐说，他应陆军军官们要求伪造了这个文件！而这些军官希望控告德雷福斯叛国罪行。跟埃斯特拉齐随后的会见，王尔德告诉了他的朋友、翻译家亨利·达夫雷："他对我承认了，他就是造军事秘密表的人。埃斯特拉齐远比清白无辜的德雷福斯更令人感兴趣。当一名罪犯还真需要想象力和勇气。但是，案子办得太可悲了，以至于埃斯特拉齐决不用下狱（有一件事就提示了人们，那个埃斯特拉齐认奥斯卡·王尔德为一位盟友，这个事实就是，在复审德雷福斯的法庭上作证时，埃斯特拉齐提到王尔德时称其为奥斯卡·王尔德大人）。"

较早一些时候，王尔德就对埃斯特拉齐明显披露了（或者说是对罗兰德·斯特朗披露了，他再转告给埃斯特拉齐）一个秘密，而这个秘密又是卡洛斯·布莱克告诉王尔德的，即，布莱克已从法国和意大利获得证据，证明埃斯特拉齐犯有出卖军事情报罪，可这项罪名却归于德雷福斯。[①]

3月底，奥斯卡·王尔德携带行李去了美术街的另一头，即波尔巴特街一侧，搬进了阿尔萨斯旅馆。他告诉罗伯特·罗斯："好得多，房价才一半。"（对卡洛斯·布莱克还加了一句"干净得多。"）大约就在那个时候，他乘用的出租小马车出了事（马失前蹄，把他抛到前窗上，下唇几乎裂成两半）。他写信给卡洛斯·布莱克："真是太可怕了，当然，我的勇气受到了可怕打击。我像鸡鸭一般被关闭在恶劣的旅馆，没有人照顾，也看不到一个人，那真是太可怕了。"

还是在3月初，王尔德的前妻康斯坦丝在给她所信任的居间人布莱克的信中，要求他去拜访她的前夫。"你也知道，他对我自己和我的孩子做得太不像话，我们生活在一起的一切可能性都不存在了。"但是，她想要他知道，她发现《里丁监狱歌

① 主要来自：小罗伯特·马奎尔著，《奥斯卡·王尔德和德雷福斯案》，《维多利亚时代人物研究，1997年秋季号》；米歇尔·德鲁因著，《德雷福斯案始末》，巴黎，弗拉玛里翁出版社，1994年，P136～P142，P176～P179；前已引用《奥斯卡·王尔德书信全集》，P1051，P1094。《论夏拉德的反犹太人思想》，前已引用海德著《奥斯卡·王尔德》，P447。特此向米歇尔·德鲁因致谢。

谣》是"绝妙的",并希望他因该书在伦敦的巨大成功会鼓励他写得更多。他真的离开了"A爵士"吗?"A爵士"在巴黎吗?(王尔德后来告诉布莱克,他已经有三个月没见过阿尔弗雷德·道格拉斯,大概决不会再见他了。至于道格拉斯方面,他知道,如果他跟王尔德重新开始,王尔德就会失去每月从他的家人那儿获得的微薄津贴。)

还是在4月初,一个不可避免的消息传来了:给康斯坦丝最后的岁月投下阴影的脊椎麻痹症夺去了她的生命,享年仅40岁。王尔德给她的兄弟拍去唁电说:"我悲痛欲绝,哪怕我们能见上一面,彼此吻一吻也好。"王尔德又写信给布莱克:"在我还不敢独自行动时,我就出门了。"①

看样子还不能说,他好像准备改变他的生活——这就意味着"改进",不在今天,不在明天,不在后天。他不再能够创作出一件作品,能使得剧院经理或书籍出版商信服,王尔德是个值得预支稿酬的人。他主要靠微薄的津贴度日;借的债他不可能偿还,无论他还是他的最亲密的朋友都看不出今后该怎么办。

现在,王尔德最有可能做的就是享受《里丁监狱歌谣》所取得的重大胜利,而这也给他带来一点小钱。看看他给歌谣的英国出版商莱昂纳德·斯密塞的一封信,就可看出这点钱对他是多么微不足道。1898年5月,王尔德写给斯密塞,他要求斯密塞寄三四英镑来,以便他离开现住的旅馆(阿尔萨斯旅馆),

---

① 前已引用《奥斯卡·王尔德书信全集》,P1035,P1050~P1051,P1054~P1055。

搬到另外一家供应早餐的旅馆去。"外出吃早餐,严重影响工作。"此外,在5月24日,他告诉罗伯特·罗斯,他现在住的旅馆"很简陋,不卫生。旅客都不愿住,因为连排水设施都没有"。(次日)他又告诉罗斯:"至关紧要的是卫生问题。住在不卫生的屋子里,日子过得实在恐怖,尤其是现在,夏天来了。"①

奥斯卡·王尔德绝不会搬出美术街的阿尔萨斯旅馆。他后来就死在那儿。

莱昂纳德·斯密塞借了钱给王尔德,他终于出版了王尔德的两部戏剧作品,《不可儿戏》和《理想丈夫》,在作者到刑事法庭受审时,这两部作品已被有意忘却了。如今,这两部剧本带来了一点小钱,不过,即使几个小钱也有帮助。

他希望他的朋友,尤其是管理他有过的资金的罗伯特·罗斯知道,他并没有过奢侈的生活。5月24日,他告诉罗斯:"我过着很普通的生活。我所上的是普塞之类的咖啡馆,在那里会见艺术家和作家。我不会频频出现于和平咖啡馆之类的地方。我吃晚餐也只到花二三法郎的餐厅。我的日子阴暗沉闷。我不可能到处炫耀衣着。我挣不到钱,也赚不到衣着。若有可能,我会在诗人的保护之下去到拉丁区,谈谈艺术。"(意大利大道上的普塞咖啡馆是《贝德克旅行指南》推荐的,被称作"漂亮的店子",那里供应慕尼黑啤酒。)

---

① 前已引用《奥斯卡·王尔德书信全集》,P1069,P1071,P1074。

当然，在某些时候，王尔德可能感觉到，他仍然是辉煌岁月里的奥斯卡·王尔德；可能觉得，他还在受到他应得的待遇。在日期为 5 月 31 日的一封信里，他又一次对罗伯特·罗斯描述了他在巴黎的社交和文化生活。"星期五，我跟《隐居屋》的编辑一起吃饭，因为艺术杂志的莫理斯·梅特林克向我传达了要见我的欲望。他现在在伦敦，但是却急于要我去拜访他的未婚妻乔杰特·勒布朗，一位令人惊叹的女人，现在在歌剧院唱萨弗（译注：古希腊女诗人）……人家告诉我，她是世界上最光辉最奇异的人物之一。"

　　他还会见了阿尔弗雷德·雅利。他此时是个不像话的布尔乔亚，尤其是他的剧本《乌布王》，在全剧的五幕中，个个人物都互说"他妈的"。王尔德告诉雷金纳德·图纳，这"显然没有道理"。雅利如今是"拉丁区新的名家了。他本人是极有吸引力的，他看上去就像一个很可爱的房客（图纳会理解这个词语的）"。[①]

　　王尔德努力发现他还可能干的事情——就是某种要求写他那才华横溢剧本的创作精力的东西（因为他不再相信他有那种精力）。他跟莱昂纳德·斯密塞拟订了一个工作计划，而这个英国出版商似乎准备跟他做朋友了。王尔德解释说：每个星期，巴黎的报纸都会发表至少两三个极好的短篇小说——"机锋四射，目光老到，风格鲜明，构想上无一例外的巧妙"。这些小说可廉价购得，再把它们译成英文（他甚至想好了译著）。关键一

---

① 前已引用《奥斯卡·王尔德书信全集》，P1072，P1075，P1079。

点是，要作为系列来发表，且印刷上不要多花钱。而王尔德将帮助挑选这种法文小说。"我应该从一些富有机智的小说开始……法国人能够富有机智地对待任何题材，在法国，人们开怀大笑并无有伤风化之嫌；有伤风化和正儿八经是共同开始的。"①

---

① 前已引用《奥斯卡·王尔德书信全集》，P1073。

第二十章　哈瑞斯听到了什么

　　弗兰克·哈瑞斯——王尔德极为热心的朋友，自从王尔德出狱以来还没有见到过奥斯卡。奥斯卡·王尔德的健康不成问题（艰苦的生活对他有益），但在哈瑞斯看来，他的朋友过于乐观，似乎在以新眼光（类似于 19 世纪 90 年代初春风得意时的奥斯卡）打量这个世界。显然，这个前囚徒希望听到的不是洗心革面的胡说，因为"没有一个人曾经真正改过自新或改变过，我就是我从来是的那个人"。

　　哈瑞斯不同意他的说法。他的朋友现在满不在乎，却不是无所用心，骨子里有一股"几乎近于绝望的压抑感"。因为他不能够写作了，遂求助于谈话。他甚至重复他的老格言（即，他"将其才能用在他的著述和剧本，而将他的天才投入他的生活中"）。哈瑞斯觉得，他应该说："他的天才投入到他的谈话中。"

　　实际上，哈瑞斯对安德烈·纪德给王尔德最后岁月所作画像有所争论。纪德眼中的王尔德，意志已被粉碎，其幽默是硬挤出来且陈旧不堪的……或许，法国人觉得，王尔德不得不如此谈话，但是，纪德的看法是不真切的，因为最后岁月里，王尔德绝没有谈话谈得如此好过，也绝没有如此迷住过他的朋友。"谈话本身格外令他兴奋、活泼；他爱炫耀，爱让其听众惊叹……"哈瑞斯还指出了一点，王尔德绝不说起他自己或他过去的生活。

不幸的是，人们知道哈瑞斯无疑会给他的回忆录插入一些笑料，尤其是一些辛辣的评说，添油加醋地增添情趣。我们从来不可能确定这些笑话的真实性。比方说，哈瑞斯描述了一次招待会的情景。那次，王尔德带他出席诗人马拉美的沙龙招待会，看见让·罗兰，他和王尔德走向罗兰，王尔德伸开双手，朗声说道："让，很高兴见到你。"而罗兰却双臂交叠在胸前说："我抱歉我不可能说同样的话，我不可能再是你的朋友，王尔德先生。"

房间里变得寂然无声，人们等着王尔德的回答。

"多么纯正啊，"他说道，"多么纯正而又多么可悲！在生活中的某个时候，我们大家，就像你罗兰和我什么事都干过的人必须认识到，在这个世界上，我们不再有什么朋友，而只有情人。"

其他宾客也有那种感觉。

后来，他们走在剧院区的大街上，王尔德问哈瑞斯是否还记得保罗·魏尔伦。他继续说道："他的生活无可名状，异常可怕。做什么事都出格，烂醉如泥，猥亵不洁，伤风败俗，然而，当他坐在米希街上的一家咖啡馆时，每个进来的人都对他点头致意，叫他'大师'，并以来自他的任何打招呼表示而自豪，就因为他是一位大诗人。

"在英国，他们会杀害魏尔伦，那些自称绅士的人将会为所欲为地当众羞辱他。英国还只是半开化的国家，英国人论及生活只凭一两个要点，而没有觉察到生活的错综复杂。他们粗鲁而苛刻。"

在总结王尔德出狱后的个性方面存在明显矛盾，哈瑞斯至少敏锐地观察到了：他的朋友王尔德业已用谈话代替了写作（实际上，是用善谈代替了善写）。当然，他不再可能凭演讲挣钱，但是，靠描述他现在的不幸，他往往能够获得一点小钱。因为有那位二三流的却踏实的英国出版商莱昂纳德·斯密塞，王尔德可能希望由先前出版（或者未发表过）的作品赚某种小钱。

王尔德对一位新结识的熟人描述了他的思想状况："你问我在写什么：几乎什么也没写。我总是担心蚊子啦、钱啦；操心一些小事情，诸如旅馆账单啦、香烟不够啦、缺小面额的银法郎啦。艺术家就像圣徒那样需要安宁，而我的心灵却被一些琐屑的渴望弄得下贱了。晚景可怜，但是，我当年习惯于荣华富贵……"

"我亲爱的罗比，我没有未来，"1898年12月伊始，他告诉他忠实的朋友，"我认为，我配不上思想的智力结构。我时不时闹脾气；而爱情，或者说是以爱情为面具的激情，是我仅有的慰藉。"（而实际上，他的通信提示了，他跟年轻人还是存在相当程度的沟通。）

在索取钱财上，王尔德已到了无孔不入的地步。也是在 12 月，安德烈·纪德寄给了他一本新出版的随笔集，王尔德在其感谢信之后加了一笔绝望的恳求："我眼下过得十分悽惨。从欠我账的伦敦出版商那儿，我什么也没收到，我太悲苦了。我不知道你是否能帮帮我，如果你能借给我 200 法郎，那就令我相当快乐，这样，我就可能以此度过一段时间。你看看，我的悲剧生活变得如何不顾体面了。苦难是可能发生的，或许是必不可少的，但是贫穷、悲苦……这些都是可怕的。这些东西弄脏人的心灵。"

几天后，他写信给纪德表示"不胜感激"。[1]

王尔德想，他要让弗兰克·哈瑞斯当他的完美施主。这个博而不精的人，这个推销员、企业家、表演者……哈瑞斯还是法国里维耶那（译注：指自法国尼斯城到意大利斯佩加之间的地中海沿岸风光明媚，气候温暖的海滨休憩风景区）的热爱者，是那里的投资人（他拥有蒙特卡罗城宏伟的宫殿酒店）。他现在已经为王尔德在里维耶那的过冬避寒提供财力，以便他落难的朋友"创作艺术作品"，就像王尔德对他一名通信人所说的。哈瑞斯选中了面对法国坎城海湾上的意大利那坡里，作为王尔德客居之地，但是，在最后一刻，哈瑞斯并未带他的客人上火车，

---

[1] 前已引用《奥斯卡·王尔德书信全集》，P1103，P1105，P1109，P1111。

也没有在那坡里露面来迎接王尔德。

不用担心。如同王尔德给他一位朋友描述的，那坡里是个小渔村。"居民都有美丽的眼睛，却没有品行——实在是一个理想的族类。"王尔德迅速发现了他喜欢的环境——到处都是男孩子。有一阵子，他可能想象，他又重新生活在辉煌岁月里了，尤其当一个年轻渔民邀请他在尼斯过夜，以至于他可能看到他钟爱的莎娜·伯瑞哈特在演《托斯卡》……就像他随后向罗伯特·罗斯所报告的："（演出后）我就便去看她，她拥抱我，哭了，我也哭，整个晚上感觉好极了……"他追述道："至于我的再婚问题，我完全确定，这次你会想要我跟某个乖巧伶俐、朴素务实、不大不小的男孩子结婚，但我完全不喜欢这个念头。我实际上已跟一个特别秀气、年仅 18 岁的渔夫订了婚。因此，你看难处还是有的。"①

谈到讲故事。弗兰克·哈瑞斯能填满整整一本书，那是他的讲故事才能所致（是哈瑞斯的才能，而不是王尔德的才能）。因此，如果哈瑞斯讲他跟奥斯卡·王尔德在地中海沿岸旅行的生动故事，填满书页的内容有：令人着迷的有关爱情和性的对话，描述他们火车上一夜睡眠之后在亚威农逗留（火车上，他们在睡衣裤上披外套，到火车月台上找咖啡小贩），然而，我们从那些日子王尔德的通信里却发现，哈瑞斯甚至没有带他上火车，也没有在那坡里等他的客人，而王尔德也一直在徒劳地找哈瑞斯。

---

① 前已引用《奥斯卡·王尔德书信全集》，P1113～P1116。

但是，他们终于还是会面了，哈瑞斯回复了他较早时候的观察，他的朋友不再可能创作了。"我越来越清楚地看出，写作上的努力、艰苦的工作已完全离开了王尔德。他如今是这些天才人物中的一个，只会夸夸其谈，成了半艺术家、半梦想家式的人物，巴尔扎克轻蔑地描述这种人为'自话自听'虚度人生的人。"在哈瑞斯看来，"持续创作是艺术家的首要条件，有如其是生命的首要条件一般。"而王尔德不仅不写作，甚至不怎么读书看报。他已变得抗拒任何新的精神影响。

弗兰克·哈瑞斯认为，这场谈话已转为恋爱中的女人对恋爱中的男人。哈瑞斯认定，王尔德感兴趣的女人只有著名女演员和"高贵的女士"；他轻蔑的只是其他女人，尤其鄙夷她们的头脑。（他一度说到他喜欢的某个女人，"肯定只记得审判，而忘却了重大的东西。"）

后来，他们回到这个话题，这时，王尔德声称："少女并不是为爱情而造的，她甚至不是爱情的好工具。"他以自己的妻子为例："我结婚时，我的妻子是个美丽姑娘，百合花一般白嫩苗条，一双灵动的眼睛，快乐美妙的笑声有如音乐。一年左右之后，花儿般的优雅就消失殆尽；她变得笨重无形，乃至畸形；她因耷拉下来的瘪脸和惨不忍睹的身体而陷入蠢笨的痛苦，成天在屋里拖着笨重的身体忙上忙下，并为我们的爱情而悲观失望……"

这场争论恶化了。从蒙特卡罗的商业旅行回到那坡里，哈瑞斯发现了哈罗德·梅勒。这个上层阶级的英国人是在投宿的旅馆里跟王尔德认识的（此人带了个被其称为"我的仆人"的年轻孩子做伴）。这位新客人邀请王尔德去瑞士找他玩，此君似乎使得王尔德抗拒哈瑞斯对其施加的任何影响。哈瑞斯问，在他离开时，王尔德是否写了点什么。"没有。弗兰克，我认为我没有能力再写什么了。写作有何益？我不可能强迫自己写作。"然而，他却说起了写作"渔夫男孩歌谣"的事；事实上，他头脑里已有歌谣的二三节韵文，且背诵出来（最佳的这几节固然不错，却并不可惊）。哈瑞斯注意到了，王尔德重又变得身体强壮了；他开始看上去像是遭灾之前在伦敦的样子……

一天，哈瑞斯要求他把"渔夫男孩歌谣"付诸纸笔。王尔德怒不可遏了："弗兰克，你让我活着吧；工作任务让我想起监狱。"哈瑞斯不得不说，监狱已使他的朋友获益匪浅。由于"艰苦的生活，规定的作息以及强制守贞"，他才能写出精彩的《深渊书简》和令人惊叹的诗歌……"国家实在应该把你关进牢房不让出牢门"。

王尔德眼冒怒火地反抗了。"弗兰克，你尽说可恶的荒唐话。恶劣的食品对每个人都是恶劣的，禁绝烟草只是对我的折磨。强迫守贞就像饥饿一样是反自然的、可怕的，我对这两者都憎恨。禁欲是基督教麻风病体上的闪亮脓疮。"

哈瑞斯的争辩——所有伟大的艺术家都得践行贞节，王尔德则称他"错误得令人绝望"。哈瑞斯只好不作声，以免当着第三方的面争吵。毕竟，王尔德改变了这个话题。王尔德在通往坎城的马路边坐着，其时，伦敦圣詹姆斯剧院的经理乔治·亚历山大骑着自行车过来。王尔德起身跟亚历山大打招呼，而他却别过头去，蹬着自行车离开了（对此，王尔德不该感到惊奇，因为当年亚历山大出品《不可儿戏》时，王尔德要受审判，亚历山大一边让该剧演出，一边从海报上撤下了剧作者的名字）。

"开始写另外的剧本吧，"哈瑞斯不罢休地劝道，"到时候亚历山大又会跪行到你面前。再说，如果你什么也不干，你还可能遭到更无礼的对待哩！人们都爱指责邻居家宠物的恶习。"

哈瑞斯着意要把这个无礼恶行当成回归工作的召唤，而王尔德却把这看做是对其道德的责备。"弗兰克，你称作恶行的并不是恶行；这种恶行之于我，有如之于凯撒大帝、亚历山大帝、米开朗琪罗和莎士比亚一样，实在是一种善行……"

于是，他们又争论起了同性恋的对与错。哈瑞斯认为，这必定占据他们相当多的时间。王尔德则总结道："弗兰克，你干吗硬要跟我争论呢？你那样做多残忍啊。"

"我是为了说服你哪怕现在回头，从泥沼里挣脱出来。你已是40出头的人了……趁现在还有时间，回头吧，着手工作，去写你的歌谣，写你的剧本……"哈瑞斯答应那个冬天帮助他——意思就是在他待在地中海沿岸期间，在物质上资助他；他有意兑现他的诺言，尽管热情不高。[①]

王尔德在里维耶那度假的最后日子，跟他的东道主进行了一场急风暴雨般的谈话。在哈瑞斯离开那坡里时，王尔德觉得日子太漫长了，于是，他接着去了尼斯。尽管囊中羞涩，王尔德还是下榻于相对贵的终点旅馆，账单上的合计金额，若没有哈瑞斯的帮助，他不可能支付得了。与此同时，住店的"中产

---

① 哈瑞斯著，前已引用《王尔德》，P288～P299。

阶级"英国游客反对王尔德在场。他被要求离店——然而，不付清账，他又不可能脱得了身。哈瑞斯把一切都搞定了，并邀请王尔德在海岸边坡提安的优雅餐厅用午膳。在那里有更多的英国人表示出他们的不满，于是，这位前囚犯及其恩人尽可能快地离开了餐厅。王尔德想起了去瑞士的邀请，于是，他迅速往瑞士进发。①

---

① 前已引用《奥斯卡·王尔德书信全集》，P1123～P1127。

第二十一章　五英镑支票

　　从那时起，直到生命最后一刻，王尔德绝不去确定，在哪里能找到下一个英镑或法郎。康斯坦丝在世时给他提供了微薄的津贴，但在妻子1898年4月去世后，那笔收入还会继续来吗？他怎么能够经常去恳求卡洛斯·布莱克或罗伯特·罗斯（他过去充当王尔德与康斯坦丝的居间人）？或者，有时去恳求诸如弗兰克·哈瑞斯之类的朋友们，去哀求他一时的出版商——这一次是去哀求莱昂纳德·斯密塞呢？

　　事实上，斯密塞并不是一位伦敦的传统出版商，也不是一个"杰出的"出版家。他只是抓住了机会，成了号称奋发有为的色情作品出版商。显然，"地狱亡灵"般的奥斯卡·王尔德只有恳求他了。以书本的形式出版王尔德坐牢前供舞台演出的两个剧本《不可儿戏》和《理想丈夫》，虽是别的出版家不想干的事，却实在是一个刺激斯密塞的某种项目。

至于奥斯卡·王尔德，因缺乏现成的传统出版商，且愿意其名字出现在这两本书的封面上，这就使得他必定可能试着向这位不说是十分有德行也可称勇敢的企业家推销无论什么东西了。

从此以后，直到死前一刻，王尔德给朋友、给真正的或预期合伙人的书信，都充满了请求额度小至 5 英镑的支票——他需要钱去偿还急迫的债款，要钱免于挨饿……"我想，你欠了我 25 英镑，却只要归还 5 英镑就两清了，但请立刻寄 5 英镑来。"这就是奥斯卡·王尔德对莱昂纳德·斯密塞发出的典型恳求。当时，5 英镑大约等于 125 法郎（或今天的 425 欧元）。

1899 年的头几个月，靠弗兰克·哈瑞斯的施舍而住在法国南方的王尔德得以活下来。他接着要去瑞士，首先在热那亚停留，以给他的前妻扫墓。他告诉罗伯特·罗斯："坟墓很精致，大理石十字架，样式雅致地嵌入常春藤叶片。墓地是个位于可爱山丘脚下的花园，山丘爬伸进一座环绕热那亚的大山。"王尔德说，看见刻在墓碑上她的姓名，心生悲痛——她的姓名中没有用他的姓氏。他带来了一束鲜花……感慨万千——"一种千悔万恨也枉然的感触"。

在瑞士，他要成为一个半疯癫且极为小气的英国人的客人。这个英国人的别墅俯瞰莱蒙湖，从日内瓦乘火车半小时即可到达，但是，又是因为囊中羞涩，使他只能像囚徒一般待在屋子里。（"我不知道在这里还会待多久，"他写信告诉他的朋友雷金纳德·图纳，"因为囊中无金也无银，我不可能离开。我就像个被抛弃的情侣，等着幸运之神降临。"）实际上，他打算由瑞士去意大利，因为在那边过日子要便宜一些。"我不会去巴黎，因

为我应该立即花掉我所有的钱，"3月底，他写给罗伯特·罗斯，
"我不可能一天花1英镑（约25法郎）生活在巴黎……在热那
亚附近，我希望能找到一个小小的立足点，光是阳光就值得我
一半的收入。"

一周后，他准备回巴黎（……"我的生活太孤单了"）。他
的书信，特别是明信片描述了他的喜悦心情，尤其是意大利风
光令人赏心悦目，他还挑选了一些实在漂亮的、大多未被破坏
的风景样本，例如，意大利地中海岸的利古利亚、圣·玛格丽
特、波托芬诺（"只有乘骡子或小船方可到达"）。然而，前囚
徒奥斯卡·王尔德所需要的似乎不只是风景和建筑的美；他需
要面对的是有同情心的人，而罗伯特·罗斯，他如今最亲近的
朋友，他跟恶意的伦敦社会的居间人，才是他想见到的人。
（"我希望能见到你，"他从圣·玛格丽特写信给罗斯说，"跟你
待几天也会令人精神为之一振。"）

但是，王尔德也投莱昂纳德·斯密塞之所好，对其发出了
邀请，因为斯密塞已成了他的资金的主要来源，不管其数额是
多么微不足道（"10英镑已安全收到——不胜感谢。当然，没
有得到20英镑是个打击，但是，我希望你立即寄来余
额。"——1899年4月初，发自热那亚的信中说）。多亏罗斯南
下意大利去看他，陪伴他返回巴黎——这是王尔德觉得如今能
在这里生活的唯一地方。但是，将来帮助王尔德在其钟爱的城
市活下去的，还是斯密塞及其出版风险事业。①

---

① 前已引用《奥斯卡·王尔德书信全集》，P1123~P1143。

"巴黎会有可爱的夏天"，他通知斯密塞（时令还只是 5 月中旬）。信纸衔头显示，他这信发自巴黎嘉布欣大道 14 号的格朗咖啡馆（这里也是他写作和离开巴黎前约会许多通信人的地方）。先前 11 月，他写信给计划访问巴黎的雷金纳德·图纳，"你将……只要在晚上来到格朗咖啡馆；这里有贵族相聚，他们的服装是如此时髦，以至于对他们说话都成了外在可见的体面的信号。"

他继续花费如此多的时间，并通过写信来寻求财务帮助。"如果你财源广进……那就寄给我 10 个英镑。"他乞求弗兰克·哈瑞斯。他还指望办妥他的婚姻合同，根据该合同，他的妻子通过罗伯特·罗斯将每月付给他 12 英镑 10 先令的津贴。

尔后，他发现巴黎的初夏难以忍受，遂避居诺曼底海滨：为能在诺曼底留居，他打电报给斯密塞借债（"请电汇 10 英镑，将于 7 月 1 日由罗斯归还，火急。勒阿弗尔，托托尼旅馆，梅尔莫什"）。至于旅行费用，他向著名美国记者莫尔顿·富勒顿借 100 法郎（时值约 4 英镑）。富勒顿则回应道，他手头没现钱，这就意味着，他不能确定王尔德是个可靠的债务人。

很久以前，王尔德就断定，他并不适应诺曼底的夏天。"特鲁维尔令人心烦。"他告诉富勒顿。"勒阿弗尔则太人言可畏。"他告诉斯密塞。多亏小额短期借款，从斯密塞那里不时地每次 5 英镑地借钱来，他才能结清诺曼底旅馆的账单而返回巴黎。那时，他决定同样去试一试乡村的景色。他找到了他的乐园，那是离巴黎 18 公里的马拉河上谢内维尔岛，岛上有个树林环绕的小客栈——爱情岛（存在一些暗示，表明他携带了一个情人）。

同样，还是存在问题：他指望借债，以使梦想成真。斯密塞也答应了给予帮助，但到头来却是一场空。"就是凭这一点我才下到这个可爱的地点来，但是，施主却阴沉着一张脸，就像是我从来不还债似的。"王尔德只是向他借，所借额度是 10 英镑。

除此以外，他还生活在更加乱七八糟的境况中，正如他对弗兰克·哈瑞斯所描述的。当然，他也向哈瑞斯讨钱。在他的夏季旅行之前，他下榻于剧院区的马索里埃街的马索里埃旅馆，可是，他绝没有向这家巴黎旅馆付过账，于是旅馆经理扣住了他所有的衣物。"我真是在下层社会里。"他告诉斯密塞。无论如何，他要回巴黎，如同他对斯密塞所解释的，因为"在乡村过活太昂贵了"。

所幸，他个人的两难处境却以一种意外的方式解决了，王尔德将回到不舒适却对他友好的美术街上的小旅馆——阿尔萨斯旅馆。该旅馆老板让·杜波瑞尔堪称王尔德的施主，对王尔德绝不说个"不"字。他去到马索里埃街，支付了王尔德的挂账，把他的衣物取了回来。

尽管他不再是那个无忧无虑的年轻人——成功的剧本赚了大钱，又无忧无虑地花掉。毋庸置疑，他享受过巴黎生活，过去享受过了，如今盼望再次享受享受巴黎。巴黎，不像是圣·玛格丽特或勒阿弗尔，而是一个现在和未来可以找到他的男朋友（男孩子朋友）的地方。在那个夏天到来之前，在给他忠实朋友罗伯特·罗斯的信中称，他缩小了他的男朋友名单，其中大多数用的都是暗号。他显然知道，罗斯能够破解："'鸭舌帽'

很健康，穿一套蓝色套装。'埃德蒙德·龚古尔'从监狱里回来了，头戴草帽出现在街上。我仍然深爱着'总领事'，但是，我也爱一个名叫马尔契克·别罗文斯基的年轻俄罗斯人，这个18岁的男孩子十分迷人，受教育程度高。"

在这封信中，王尔德继续说道："我很了解一个叫米契尔·罗巴克的年轻诗人，他俊秀得令人惊叹。一天，我们去了蒙帕纳斯大街咖啡馆，诗人杰汉·里克图斯在那里朗诵诗歌。我受到十分风光的欢迎，出席者一一被介绍给我。我喝的是黑啤酒，却不用我付钱；有一个马夫，这个格外俊秀的少年郎向我乞讨我的相片，纳入他的影集里，他告诉我，这部影集里包含53位诗人的照片，还有两个杀人犯！我仁慈地同意了。"①

这个夏天的某个时候，弗兰克·哈瑞斯来到了巴黎，说不定只是为了看望王尔德，因为他们常在一起用餐。哈瑞斯发现王尔德还是像以往那样幽默迷人——肯定是个优秀的交谈者；但是，在哈瑞斯的记忆里，第一次听到他的朋友抱怨自己的健康。"我憎恨意大利的扇贝和牡蛎，它们肯定毒害了我，因为我手臂上、胸部、背部生满了大疱疹，觉得不舒服。"奥斯卡·王尔德确实在此时此地对弗兰克·哈瑞斯说了这番话吗？王尔德认为是扇贝中毒的这种病，实际上发生于下一年的1900年2月，亦即王尔德在世的最后一年。

撇开日期不说，关于他们的会见，哈瑞斯记得最清楚的是，王尔德径直要钱，过一阵之后又开口要，过一会儿还要。"从

---

① 前已引用《奥斯卡·王尔德书信全集》，P1157。

前，他都会没法找个借口：他没有收到巴望的津贴，或是操心账单要付诸如此类的，但现在，他简直就是乞讨、再乞讨，一边抱怨命运不济。这事真让人苦恼。他不断地想要钱，花起来又总是那样不假思索，花钱似流水。"

另外一次，哈瑞斯想起了，他的朋友告诉了他，王尔德正跟一个年轻士兵谈恋爱；他们还在会面吗？"弗兰克，我是跟他相会，但不经常。这真是一部滑稽剧；感情总是罗曼蒂克地开始，而以笑声作为结束……我教导了他许多东西，以至他当上了下士，并立刻跟他同档次的一个侍婴女仆坠入爱河。他对女方是真诚的；我料想，他喜欢也跟着扮演教师的角色。"关于这整个事情，他有哲学性的思考："凡事有开始，必有结束。"

"还有别的什么人吗？"哈瑞斯问道，"或者说，你终于吸取教训了吗？"

"当然，弗兰克，总是还会有别的什么人；变化就是激情的实质；你谈到的教训只是阳痿的别名。"

"蒙田（译注：1533～1592，法国散文家）宣称，爱情属于青春期之初，'幼年之后的下一个时期'是其措词，但那充其量是法国人的看法。沙福克里斯（译注：古雅典悲剧诗人）还是较为接近真理，他认为自己在那年龄段已摆脱了激情的驱使。你准备什么时候达到那种宁静的境界呢？"

"弗兰克，决不会，决不会希望那样。对我而言，没有欲望的生活就不值得过。当一个人更老一些，他就更难以欢乐了。但是，欢乐的刺痛比青春期的更尖锐，且远大于自私自利的痛苦。人们终于理解萨德侯爵和雷茨奇异的罪孽沉重的故事——

他们由承受痛苦，承受古怪反常、紧张热烈的下层社会的残忍来获取欢乐……"

"奥斯卡，那不像是你，"哈瑞斯打断他说，"我想你是由抛开痛苦的地方退缩了；对我来说，那是不可饶恕的罪恶。"

"对我来说也是如此。"王尔德坚持道。

对向朋友不依不饶地伸手要钱，哈瑞斯早已不再感到惊奇。王尔德在同一年夏天写的一封信留存下来，那是他从所投宿的阿尔萨斯旅馆写给一位有名望的伦敦畅销书出版商阿瑟·休姆弗雷斯的信。休姆弗雷斯从出版商斯密塞那儿收到了王尔德的《理想丈夫》的演出剧本，遂赶忙函谢作者，作者自是欣喜不已（休姆弗雷斯还在为哈夏出版社客户出版的《时事评论》月刊上赞扬了这个剧本）。但是，王尔德觉得，他不得不多说几句。"巴黎火烧一般炎热，街道像烙铁一般，路上行人寥落，热得像黑苍蝇一般蠕动。我希望我有办法离开，但是我穷得慌——根本就没有钱。我想知道，你会借给我 5 英镑吗？如果你能借的话，我想你是会借的。奥斯卡·王尔德敬启。"①

此时，王尔德在跟一伙朋友吃晚饭，其中有罗伯特·罗斯和翻译家亨利·达夫雷。在座的作家劳伦斯·豪斯曼后来决定还原王尔德最后岁月的谈话，其时他知道王尔德决不准备重新写作了。该作家记述道："我告诉过你们，我是在准备写点什

---

① 前已引用《奥斯卡·王尔德书信全集》，P1161～P1162。

么；我对每个人都那么说，写作就是一个人每天能够反复做的事情，意味着下一天还是写呀写呀。但是，在我心中（死亡回音室），我知道，我决不会那么做；已虚构出来的故事足够多了，这些故事实际本已存在；在我的头脑里，我一直能够给它们以所要求的形式。"

说到成功的艺术家，他引用了苏格兰人罗伯特·彭斯作为个案："上帝用酗酒使他失败的方式拯救了罗伯特·彭斯的诗歌天才。想想看，成功的彭斯已成了文学界多么惊人的人物。他已经尝试用优雅的英文写诗了，这就滑稽得有如优雅的英国人用彭斯的苏格兰土语写诗那样。成功威胁着彭斯，而放荡的生活和沾沾自喜所致的最终堕落拯救了他。"

"而你的意思就是，绝没有艺术家是成功的喽?"豪斯曼问他。

"偶然成功的有；绝没有刻意成功的。如果他们成功了，他们就落得不完全了。艺术家的使命就是要过完全的生活：成功，作为一种插曲（插曲即为成功可能成为的一切）；失败，才是实在的、最后的结局。死亡，比较其合成的微粒——只不过是证明失败的东西：永远摆脱权力、欲望、嗜好，岂不成了终生贫困的人? 诗人最高尚的诗文，剧作家最伟大的场景总是处置死亡的；因为艺术家的最高职责就是使人认知失败之美。"

王尔德还谈及了托马斯·卡莱尔和法国历史："在盛年，他写下他最伟大的著作《法国大革命》（一部失败的历史）。当他有这部至高杰作垫底，且他种种能力也成熟之时，死期却来临了。没有必要去向远处寻找题目。在写完他的《法国大革命》

之后，他本应该写拿破仑的生平——那是全世界所曾经知晓的最伟大的成功和最伟大的失败。他本当能出色地完成这项工作。但是，因为卡莱尔是个苏格兰人，他不会把一个一生以失败告终的人作为他书中的主人公；他不能使他自己面对滑铁卢的溃败、放逐圣赫勒拿岛上持久的耻辱和败北。如果他忠实于他的艺术，他本应认识到，圣赫勒拿岛是所有题目中最重大的题目——对艺术家而言，是整个现代史上最完全的具有深远意义的题目……罗比，你在对我笑，但是，请相信我，我是在自己的废墟中找到这条真理的。艺术家必须过完全的生活，当完全的生活来临，且像手持出鞘双刃剑的天使一般站在他面前时，他必须接受这种生活——经历伟大的成功，庄严的失败——惟其如此，艺术家才能看清他自己本是什么人，并能透过他自己去看别人；惟其如此，他才会懂得（因为艺术家必须懂得）物质或生活表象之外的真实意义，并且，更为可怕的是，将会懂得他自己的心灵的意义。"

说到他自己，王尔德侃侃而谈："当我坐在这里，回顾往事，我认识到，我已经过了艺术家必须过的完全的生活：我取得过辉煌的成功，我也遭到了重大失败。我领悟了这两者的价值；我现在知道了，失败意味着更多的东西——总是比成功意味着更多。既然如此，我干吗还要抱怨呢？我并不是指身体的某种虚弱或意志薄弱，这些情况不会让我觉得这些事应该发生在我的一个朋友（你们中的一个）身上，而不是发生在我自己身上；但是，承认这种情况，我仍然认定，我至少达到了过完全生活的境界，而这是每个艺术家为把美与真理结合起来而必须体验的。"①

　　描述王尔德与几个知心朋友的谈话并不是暗示这种机会经常产生。证据就是，王尔德度过了如此多的形单影只的时间，坐在酒吧或咖啡馆里，王尔德希望或期盼友好面孔的出现。"实际上，自以为了不起的所有法国人，年轻的、年老的或中年的，全都规避王尔德。"他终生的朋友文森特·奥沙利文回想道。奥沙利文有机会观察这最后一年王尔德的结局。"身体上的孤独他不能挺得住，因此，他抓住任何所呈现的手段来逃避孤独。于是，他频频光顾意大利大道上的一家小咖啡馆，其怪里怪气的店名叫卡莉萨耶——在他春风得意的年代，这种地方他做梦也绝不会进去。在那里，他总有可能找到某个人谈谈话，一般都是酒吧照看人，尽管他在致雷金纳德·图纳的信中使得情况听上去要好一些。"卡莉萨耶，里昂信贷银行附近的一家美国酒吧，如今是我自己和我的朋友们的文学胜地：5点钟，我们都相聚在那儿——（让）莫里斯、青年厄内斯特以及所有的年轻诗人。"王尔德在这种场合露面，会因好挑刺者而受伤害；他们指摘他不够体面，会累加他每天饮用的苏打威士忌的数目。

　　"但是，他有什么办法呢？这些吹毛求疵者仔细着不邀请他上他们家……他被一种自我保护的本能驱使，去到卡莉萨耶这种地方。他知道，如果满怀嫉妒、憎恨、懊悔或失望的心思孤身枯坐，他会发疯。再说，他又该坐在哪里呢？坐在他下榻旅

----

① 皮尔森著，前已引用《奥斯卡·王尔德》，P320～P322，取自劳伦斯·豪斯曼，《巴黎回声报》，1923年。

馆的斗室里，听着廉价旅馆特有的千百种可怕的噪声或喧闹？另外，就像是回到了他坐牢时的监房里……"①

---

① 海德著，前已引用《奥斯卡·王尔德》，取自文森特·奥沙利文著《王尔德的方方面面》，伦敦，1936 年；前已引用《奥斯卡·王尔德书信全集》，P1108。

第二十二章　冬天转向冬天

　　12月，奥斯卡·王尔德给剧院生活时期的一个熟人——女演员弗洛伦斯·维斯特写信说道："是的，我整个月都将待在这里。去年我还在玫瑰盛开的里维耶那，而今年我将不得不待在冰天雪地的北方。火车票不能赊购，真是闹心！"1900年元月2日，写给罗伯特·罗斯的短简，稍带亮色："巴黎寒冷而潮湿，但我却过了个很高兴的圣诞节。"到2月初，情况恶化了。他致信一个年轻男子——一个他从未见过面的崇拜者："……到巴黎来吧。我在病中，郁郁不乐。摸摸你的手可能会治好我的病。"1月中下旬致信斯密塞："我病得很厉害……某种混杂有希腊文的病名；这种病侵袭喉咙和心灵。"再往后一些又致信罗斯："我患上了神经衰弱。看病的医生说，我有全部症状。堪称安慰的是，这种种症状都有，遂使这种病成了准确的诊断。巴黎真可怕。我患上了扇贝中毒，一种可怕的毛病。"在致罗斯的第二封信中，王尔德说得更明白："我的喉咙有如在石灰窑里，我的头脑有如一摊木焦油，而我的神经则像一圈发威的小毒蛇盘绕着。"患上了神经衰弱就意味着下午之前下不了床，也不能写信。他接受了砷和马钱子碱治疗。"患扇贝中毒很痛苦，尤其是在一个人让自己像一头豹子洗澡一般沉浸在一堆书籍中的时候。"①

走上街头，过河去到喜欢的大街上溜达，他也是一个今非昔比的奥斯卡·王尔德了。至少有一次，让·约瑟夫·雷诺——《道连·格雷画像》的法文译者在街上看见了他。"一天傍晚，在意大利大道上的一家酒吧里，一个穿着寒酸的男人要我允许他坐在我旁边的桌子旁。这是王尔德先生。或者，更确切地说，是他悲惨的拙劣模仿，真可怜！这位当年上衣翻领上戴着花的花花公子，如今却身着穷人的服装，这位当初像公爵夫人一般优雅的大师，那位富有而英俊的散文韵文大诗人，一个超人般的演说家，如今荒谬地塞在一套廉价服装里。他的双手缺乏保养，一对衣袖也露出了底纹。因不能写作、不动脑筋，他的听众如今是那些频频光顾酒吧的人，出于好奇心，他们会给他买酒喝。他身上所遗留下来的一切只是他那带磁性的嗓音和一双儿童般的大大的蓝眼睛……

"他是那样贫穷，却活了下来，令人惊叹，但是，在他日益加大的苦楚中，他的穷困却体现了一种特殊形式。一天傍晚，他要了香烟；侍者给他拿来一包马里兰州牌香烟，王尔德拒绝

---

① 前已引用《奥斯卡·王尔德书信全集》，P1168～P1169，P1171，P1174～P1175。

了。'不要暗色的。'他又拒绝了另外一包。'不，要带金嘴的。'这位侍者终于从格朗宾馆的商店里拿了一种烟回来，王尔德付了一张35法郎的钞票，致使侍者不得不去收银台给他找钱；与此同时，这位诗人点燃了一支烟。'哇塞！'他发出了一声惊叹。当侍者带了找头回来时，王尔德说，'不用找钱，找头留着。那将给我一种幻觉，这种烟是好烟。'

"当一个人一天只吃得起一顿饭，这样的价格实在令在场听到的人惊奇！

"同一个晚上，他讲了可能是他想象中的体验：一个格外愁惨的黄昏，他站在巴黎的一座桥上，凝视着河下诱人的动静。他看见了自己探过身去，头朝下掉进了水流里，河水溢满两耳，然后就会达到安息的境界。他已经准备向这个念头让步。但是，他忽然看见他左边一个穿着寒酸的男人像他一样，也在凭栏凝视……那么，希望逃离生命时，他并不孤单了！……他碰了碰旁边这个男人的手臂，带英语口音对他说，'老兄，这么说，你也绝望了？'这个男人跳了起来，回答说，'不，先生！我是个发型师！'于是，王尔德不再感到喜欢杀死自己了。"[1]

王尔德生命的最后一年还存在许多目击者，这些目击者是在他早年较顺心、较快乐岁月认识他的人。

有些老朋友如今躲开了他，还有些老朋友后来又后悔自己的反应。就说画家威廉姆·罗森斯坦吧，他每到巴黎就请王尔德吃饭，早已成了惯例。但是，在这位画家最近一次看

---

① 约瑟夫·雷诺著，前已引用《王尔德〈旨趣集〉之序言》，第20节，22~23节。

望王尔德时，王尔德提议到一个有乐队演奏的露天餐厅，并选好了一张靠近乐手的餐桌。他解释道，他喜欢靠近奏乐的地方。但是，事情很快变得很明白，王尔德对音乐不大有兴趣，而是对一名乐手更上心。这激怒了罗森斯坦，遂决定再也不见他了。结果，下一次到访巴黎，罗森斯坦并没有通知王尔德，但就在他去参加市区的头一个晚会的大街上，却跟王尔德不期而遇，"……我立刻看出来了，他知道我们有避开他的意思。他看着我们的目光是悲惨的；他似乎病了，衣衫褴褛，紧跟在我们身后。当然，我们邀请他跟我们一道参加晚会。他产生了一种变乖巧了的情绪，并使自己很有魅力；但他的快活并不令人深信不疑，他的目光里流露出被侵害的神情，而且，他显然是靠喝酒来支撑他的机智。我们决不打算再见到他……"[1]

由于多话的弗兰克·哈瑞斯，我们能看到奥斯卡·王尔德在巴黎最后一个春天另外的情状。有悖于其他许多人的证据，哈瑞斯发现王尔德是兴高采烈的。他把这点归于这么一个事实，即，阿尔弗雷德·道格拉斯爵士因其可畏的父亲昆斯伯瑞侯爵去世而得到了一笔遗产，并给了王尔德一笔钱。哈瑞斯引用王尔德的话说："弗兰克，我没事，但是出疱疹的毛病又发了……我恐怕大夫跟魔鬼结盟。一般是用了一顿丰盛晚餐后就发作，堪称一种香槟余韵。大夫说，我务必不要喝香槟酒、务必戒烟，这些蠢货把愉悦看做他们的天敌……"因亲自看到，哈瑞斯想，

---

[1] 罗森斯坦著，前已引用《人物与回忆》，P127。

他的老朋友看上去相当健康，尽管他是胖了点，皮肤看上去"暗了点"。他两耳失聪也变得很严重——一个重要征兆就是要一再说他才能听到。哈瑞斯还指出，他喝酒太多，不仅喝佐餐葡萄酒，在其余时间，还喝烈酒。

尽管有这一切，这个春季的会见，应该是王尔德对戏剧史作贡献的最后时机——哈瑞斯已经听说了王尔德在写的一个剧本的剧情说明书，遂提出买下来，因王尔德坚持他决不可能再写出一个剧本——"我不可能，我简直不可能面对我的思想。不要强求我！"——哈瑞斯就将这个剧情说明书跟他自己的故事构想糅合在一起。最后，他付给了王尔德 50 英镑购买后者对剧本的贡献，于是，哈瑞斯就写出了《达温特里夫妇》一剧，并在伦敦出版。该剧成功之后（上演约 4 个月之久），王尔德又要求其版税份额，但到此时，哈瑞斯已被王尔德的其他朋友团团围住了，其中包括两位很卓越的剧院经理，他们从王尔德那儿已买下过同一剧情说明书的买卖选择权（译注：option，买卖选择权，是指在契约期间内，按某种价格，买卖某物的权利）。

对王尔德而言，来自弗兰克·哈瑞斯的这 50 英镑对其士气和健康有相当的重要性。首先，王尔德的小气的英国朋友、百万富翁哈罗德·梅勒，先前曾邀请过他去其瑞士的公馆作客，现在又提供给他 50 英镑，让他能够跟自己一道去意大利观光。当那笔钱花了个一干二净之后，王尔德告诉罗伯特·罗斯（他本人当时也在游览意大利），他将不得不步行回家了。"重新相聚将是一件喜事，这一回我肯定会真正成为一名天主教徒，尽管我感到惶恐不安的是，当我手持一枝鲜花去拜谒罗马教皇时，这花枝是否立刻会变成一把伞或某种可怕的东西。"

实际上，王尔德在后来日子所写罕见的信之中的这一封，显示了他一点儿昔日的诙谐。罗伯特·罗斯的兄弟亚历克正在巴黎观光，觉得自己是像罗伯特那样虔诚的一名天主教徒，亚历克跟王尔德交换了一番道德上的信仰表白。但是，仅仅在一小时后，罗伯特的兄弟经过玛德琳娜教堂背后的一家小咖啡馆门前，看见了王尔德带上了一个身着灰色天鹅绒的俊秀男孩——"半个未雕琢，整个海勒斯"（海勒斯是希腊神话中的年轻美男子，美丽得连赫克力斯也落入他的情网）。

王尔德还对罗伯特·罗斯补充说："用午餐时我是无比道德的。在和平咖啡馆我从来都是道德的。"

在意大利，王尔德设法以非凡的方式将虔诚和调情结合在一起，他对罗斯就是这么解释的……例如，在他由水路到西西里岛旅行期间，在赞赏蒙雷尔大教堂杰出的镶嵌精工艺术的同时，他一边设法享受"一个雅致的，精巧雕刻一般有型的男孩子"。这个男孩是个马车夫，从巴勒莫把他拉到蒙雷尔，再把他拉回巴勒莫。在巴勒莫神学院研讨班学生所住的大教堂里，他跟他们"交上了好朋友"，这些学生在他逗留期间，每天都带他去游览伟大建筑。"吉瑟普15岁，最可爱"，送了他一本沉甸甸的配图献身书和许多里拉，并预言给他红衣主教帽，只要他继续讲信用，且决不忘记王尔德。"他说，他决不会忘记：实际上，我也认为他不会忘记，因为每一天我都在高高的祭坛后面亲吻他。"

然后是在罗马……在那里，这位自称自许的天主教徒是在耶稣升天节抵达的，并设法抵靠前排的朝圣者（害怕认出他来的教廷成员）。在那里他受到了教皇本人的祝福，"他们本当会拒绝给我一个祝福的"。

他简直不可能把罗马逛个够，遂延展逗留时间，但没忘记写信给美术街上的阿尔萨斯旅馆老板，通知他说，因为在6月1日之前他不会返回巴黎，他无须占用他的客房——"毋庸置疑，在5月（世界）博览会期间，你会有大量的游客"。对罗斯，他写道，"复活节时他完全治愈了扇贝中毒；代牧的祝福令我痊愈。法国画家阿尔蒙·普安，这位拙劣的波提却里－琼斯画派艺术家在这里，他答应给我画一幅许愿画。唯一的麻烦是对付扇贝。扇贝除了壳之外是未经装饰的，而我并不吃壳。"

至于社交生活，他已经放弃了阿曼多——一个机灵、优雅的年轻罗马人："他漂亮，但索讨服装和领结没完没了。我现在喜欢上了阿兰尔多；他是阿曼多最要好的朋友，但是友谊过去了……" （第二天，他不避前嫌，回过头又跟阿曼多搅在一起。）①

简而言之，意大利之行主要是一系列色情遭遇，但也有到梵蒂冈的往返旅行，并受到教皇的祝福。这些艳遇和谒见共占用罗马之行一个月时间。自此以后，奥斯卡·王尔德深深懂得，他已经改变了宗教信仰——然而，却还保持着一种活跃的性爱，即阿尔弗雷德·道格拉斯出了名的说法："一种不敢说出其名称的爱情。"尽管他患有神秘的疾病，或说多种疾病，王尔德证明

---

① 前已引用《奥斯卡·王尔德书信全集》，P1177～P1184。

了他自己能够保持灵活机敏，不论是到圣·皮埃尔的来回旅行，还是去别的地方赴暗角里的幽会……

但是，凡事都有尽头，且现在巴黎能够给他提供其他的娱乐。1900年，又一届，即自1895年开始举办至今为第五届的巴黎世界博览会就要开幕了。当然，这应该是规模最大的一届，可利用的公共空间为头四届展会的总和：占地112公顷，包括大王宫和小王宫。事实上，这两个雄伟的建筑取代了1895年首届博览会揭幕的工业宫，然后有战神校场（及1899届博览会所建的艾菲尔铁塔）以及俯瞰博览会场的特洛卡德罗山的公园和宫殿。博览会场有36条道路可供全体演出者出入，一尊象征性塑像从纪念碑大门的圆房顶上君临全场，这尊塑像不是希腊或罗马的女神，而是一位巴黎女子，她着装过多，仿佛缓慢行走在赴舞会的路上。《画报》杂志的记者认为，盛会的赞助人并不满意这尊由他们委托制作的塑像，但还是决定把它留给公众，无论他们喜欢也罢，讨厌也罢。

实际上，这样的博览会也许做得"太过头"了。人们到处看得见洛可可式（译注：rococo，18世纪的一种建筑、美术风格，后来成了"俗不可耐"的代名词）的幻想作品，带有塔楼和塔尖以及可能到处安插的旗杆。这是10年奢侈的开始，就连男女同样的巡视员着装也应和着展览大厅的奢侈浪费。[①]

1900年4月14日，博览会场院由共和国总统爱弥尔·鲁贝

[①] 《画报》，巴黎，1900年4月14日，21日，《画报社总案卷：世界博览会》，巴黎，巴黎卷，1987年，P133~P145。

主持隆重开放，其时，尚在罗马的奥斯卡·王尔德，还未动身作往返旅行谒见教皇莱恩八世。但是，他还是在 6 月初返回了巴黎，急于看看塞纳沿岸有了一些什么新鲜刺激的东西。足够奇怪的是，他的第一个目标是优秀的美术部，去看看老朋友查理·沙隆的作品（此人给王尔德早期作品作过插图，还为他已出版的剧本设计过装帧）。王尔德告诉罗斯，"博览会上唯一丑恶的东西是公众。最美妙的现代绘图是沙隆的自画像。我已经好几次去观赏这幅画。"

实际上，奥斯卡·王尔德并不限于注意他这个老朋友的作品，这个老朋友只是碰巧跟他有同样的艺术倾向……"博览会很可爱，所有老朋友的艺术作品都十分美妙，"日期为 7 月 7 日的信中，他告诉罗斯，"罗丹有他自己的展馆，他在大理石上重新给我显示了他所有的伟大梦想。他是法国最伟大的诗人，而且正如我很高兴地告诉我自己的，他比维克多·雨果更加辉煌。"

在最后几个月，关于参观巴黎世界博览会，王尔德有时以玩笑的口气，有时却神色黯然地说些古怪的事。王尔德忠心的同志罗伯特·罗斯跟雷金纳德·图纳一道分担起了照顾他们的衰弱的朋友的担子，在王尔德访问巴黎期间，罗斯抓住了他一些随机而来的想头。有一次，他们在王尔德所住的旅馆客房（也堪称他的医院）喝着香槟酒，王尔德是（如其所说的）"死于太过奢侈的生活"。当时，他准确地预测自己活不过本世纪。他悲叹道，英国不会容忍他。他奥斯卡·王尔德对巴黎世博会的失败负有责任，因为来参观的英国人看到他在博览会上穿着光鲜，人又快乐，他们便会离开博览会；而所有的法国人也太了解他了，他们也很可能不再容忍他。①

如果王尔德当真相信那种说法（更可能那种说法仅仅是王尔德喜欢嘲弄的另外一个用心恶毒的说法），那他就不会分心去充分注意他的法国崇拜者了。

法国崇拜者之一名叫厄内斯特的青年人，比王尔德小20岁，实际上是王尔德的门徒。他与王尔德厮守到后者去世，然后描述了观察这个对流亡生活逆来顺受的前罪犯的体会：流亡期间的王尔德，朋友没几个，批评责难一大堆。"不用太靠近地打量这个踽踽而行的绅士，当人们认出他，看见他在我们的街头怀着深深的阴郁，炫示着壮丽的衰亡，人们同样可以认识到，他独自一人也是一支耻辱的队伍。说什么他是大众与诗人之间彻底误解的牺牲品，根本就不是这么一回事。而更带悲剧意味的是，我们有权在这里清楚地说明。"在一家反传统观念的期刊《布兰奇杂志》上，该青年这样描述了一位作家（诗人戏剧家），自以为有其艺术成就保护，就有可能过上反传统观念的生活。他想错了。

当然，文章作者只了解坐牢岁月之后并选择流亡法国的奥斯卡·王尔德。"从他踏上我国土地之日起，我们就注意到了一个残忍的悲剧：努力想重新生活。在两年坐牢期间，他被剥夺了对睡眠、休息、书籍、食品和酒的自由选择权，（在其两年监

---

① 前已引用《奥斯卡·王尔德书信全集》，P1189，P1192，P1212；皮尔森著，前已引用《奥斯卡·王尔德》，P331。

禁期间）这个巨人几乎没有拖垮身体，出狱后首先祈求的是大
海、巴黎，然后是那不勒斯，还有工作以及童话、戏剧创作的
新纪元。可他失败了。在 40 岁头上，以纵酒打发未来，他只可
能朝过去伸出无力的双手，寻求当年的见证，消失于悲苦的回
忆里……

　　"醉眼蒙眬地搜寻怀抱的光景：他的成功。他缓慢地行走，
以便更好地回忆昔日的荣光。他爱那种被弃的孤独，以便能成
为他当年那样的人。如果他滞留黑暗的街头，如影随形地保持
着类似于在伦敦时的冒险性格，那么，他是能够去想象昔日辉
煌的。可那是在伦敦！

　　"而现在他需要的是遗忘，可是浇愁的酒又不让他遗忘得
了。因为他在酒吧寻找的仍是伦敦。他减少了光顾那家他不喜
欢的美国酒吧的次数。一天晚上，就是这样一家酒吧，人家告
诉他，他的'常客'不需要了。

　　"他的容颜里，满是悲哀的纹路……"①

---

① 厄内斯特著，《奥斯卡·王尔德》，巴黎，《布兰奇杂志》，1900 年 12 月 15 日，P589～P592。

第二十三章　孤身卧床

　　王尔德的健康和生活状况在其最后一个夏天恶化了。7月中旬他催促一位老朋友渡过海峡来陪陪他（他为这位朋友在自己下榻旅馆里找好了房间）。"我不准备再给你写信了。我想见你。我已经等待得够久了。"几天后，他又给朋友拍去电报："我病重，本周勿来。待我去信。"此时，离他在世博会上跟罗丹徜徉在其雕塑作品之间还不到两个星期。随着健康好转，王尔德准备要接受一个邀请，去一位古怪的英国朋友的湖滨别墅玩玩。但是，在离开巴黎去瑞士之前，王尔德还有空迎接剧院经理乔治·亚历山大，这位经理获得了王尔德最受欢迎的两个剧本的演出权，而正是这两个剧本确保了奥斯卡·王尔德的声誉，那时他尚未结识阿尔弗雷德·道格拉斯爵士。后来，他又病了，不得不去看专科医师（该医师坚持说，不是扇贝，而是神经衰弱才为其病因）。

在这个骚动不安的夏天里，还夹杂着医疗诊察和卧床不起的日子，其间，他接待了老朋友和偶然的融资业者弗兰克·哈瑞斯，是他购买了剧本《达温特里夫妇》的创意（若不说是文本的话）。

后来，在《达温特里夫妇》连演 100 多场，被证明取得成功之际（尽管鉴于维多利亚女王辞世，剧院停演一周），弗兰克·哈瑞斯明确了一件事，即，是他，而不是其朋友奥斯卡·王尔德写作了这个剧本；甚至剧中的人物都被转型了。按此观点，研究王尔德原创的该剧本剧情说明书是蛮有意思的。王尔德希望该剧名为"康斯坦丝"，以纪念他去世的妻子。原创剧情说明书说的是，一位有着"上流社会身份"的男子与一位淳朴的、有点天真的女孩结了婚。该男子打算跟一位夫人欺骗她，但是，这位夫人气宇轩昂的丈夫打断这不义的一对时，达温特里的太太发现自己竟然成了这一场面的见证人。她对其丈夫予以保护，宣称这三人一组——她、她的迷途丈夫和这位夫人——仅仅是在进行交谈而已。这位"淳朴的"姑娘很快发现了她自己的情人就是当年她的崇拜者中的一个。他们将会有一个小宝宝，而她的丈夫将会开枪打死她。她和她小宝宝的父亲"幕落时彼此相拥"。

如果是奥斯卡·王尔德，而不是弗兰克·哈瑞斯在剧本上署名，那么，这个剧本也就会是王尔德作品集里的一个古怪的东西。然而，哈瑞斯后来宣称，十有八九的人认为，是王尔德写下了《达温特里夫妇》。这些人以为，哈瑞斯只是个幕前人物，以便让破产者王尔德能由剧本出品获得收入（显然，这大多数怀疑者中的一个便是肖伯纳，他认为他看得出王尔德的手笔）。[①]

没多久，奥斯卡·王尔德的作用甚至进一步降低了，因他的尚未确诊的疾病将他困在室内，或者是阿尔萨斯旅馆房间附近的地方。实际上，那个世纪最后一个9月的中旬，他不再能够写作了，甚至不再能够构思一个创意会值得发展为一部长篇、一个短篇以至于一首诗。早在9月2日他就在一封有日期的信中告诉弗兰克·哈瑞斯，他是"在不由自主地苟延残喘"。

在那个夏天过去之前，王尔德已渐渐坚信，在年底前他就会死掉。在一艘来往于巴黎中心区与圣克鲁之间的小渡轮上，王尔德遇见了母亲的老朋友布雷蒙特公爵夫人，这位夫人听到他说："我的死期快到了，我的作品完成了。在我不再活着的时候，我的作品将开始活着。我的作品将是我的大纪念碑。"在他们互道再见时，王尔德说："夫人，不要为我难过，只须等待和祈祷：时日不多了。"[②]

事实上，王尔德尚存的一点精力、一点技能和才智，多半都用在找新方式借钱上去了，向新的人借钱。当英国诗人乔治·埃菲斯，也是一个秘密同性恋协会创始人，在9月初通知他计划访问巴黎时，王尔德不顾羞耻地回答道："我知道你不富裕，但是我想知道，在10月1日之前，你能借给我10英镑吗？

---

① 《论剧情说明书》，皮尔森著，前已引用《奥斯卡·王尔德》，P223～P224；哈瑞斯著，前已引用《王尔德》，P308～P310。还可参见王尔德于1894年致乔治·亚历山大信中剧情说明书，前已引用《奥斯卡·王尔德书信全集》，P599～P600。该剧于1900年最后两周在伦敦公演。

② 海德著，前已引用《奥斯卡·王尔德》，P470。

我是在每个月 1 号由罗伯特·罗斯那里取得我的小额收入，故可要他直接归还你。钱，让我操心烦恼极了，我住的房价因博览会而翻了一番，旅馆逼迫我。"一些天之后，王尔德又给弗兰克·哈瑞斯写信："为住店账单或部分账单支付的事，我担忧到了神经错乱的地步。你能寄给我 20 英镑吗？我简直没有一个人可以……"在哈瑞斯所写的《奥斯卡·王尔德回忆录》里，哈瑞斯承认，他并不相信王尔德从他这里讨钱的种种借口。"从共同的朋友那里听说，王尔德的病并未妨碍他外出吃午餐，享受一番。对信中收到的哀叹以及某种不耐烦的要求，我是粗率无礼地回复的。我觉得他的病仅仅是一种借口。"甚至在 9 月哈瑞斯第二次访问巴黎时，他发现王尔德蛮健康。"在我返回伦敦后，他几乎每张明信片都是缠着讨钱。"

回顾起来，人们肯定会说，王尔德的新朋友的不耐烦是怠慢的反应，这个前囚犯抱怨的真实性很快就会显露出来。如果说，最近的过去，王尔德似乎夸大他健康状况的严重性，那么，如今，真相就可猝然抓住了。王尔德实在是病得很严重，他最密切的朋友陪在床畔，准备验证他们看到了什么；从一贯施治的医生口里听到了什么。

从现在起，奥斯卡·王尔德在法国就局限于两间房间内——局限于塞纳河左岸一家四等旅馆的卧室和客厅里。罗伯特·夏拉德想起探望他的朋友的情景：来到王尔德面朝一个院子的卧室，床看上去小了些，比王尔德身长短了几英寸。床帷、窗帘以及家具饰品都呈现一派发酵葡萄酒沉渣的暗褐色。其他家具也只有一张东倒西歪的桌子，一张褪色的织物底纹都裸露出来的沙发，以及几个书架。夏拉德的目光越过壁炉炉饰，看见一面脏兮兮的俗气镜子悬挂在一架大而笨重的时钟上方。这架大理石配金属结构的座钟由一尊蹲伏的狮子塑像支撑。陪伴朋友到生命最后时辰的雷金纳德·图纳记起了奥斯卡机智的最后一次"颤动"。因卧室壁纸趣味可憎，王尔德为自己忍受这种趣味而发出叹息，而这种面目可憎的壁纸围绕了他整个天地。"它在谋害我。我们两者中的一个不得不消失。"

　　美术街上这家简陋的阿尔萨斯旅馆幸存有从街头看过来的照片，其中王尔德的起居室可谓一种特殊的唤起物，显示了王尔德的书案上没有书，也没有纸，只有一把空空的扶手椅。照片上还能看到一棵开花的大树，看上去离窗户足够近，一阵清风吹来，枝叶仿佛在拂拭着窗框。如果今天的作家可以添加一点个人见识的话，我就能够回忆起半世纪前的一次巴黎之行，通过朋友的安排，等我去下榻的公寓就在阿尔萨斯旅馆的隔壁；实际上，显示该旅馆正面的大多数照片，也能显示我所住的一楼卧室的一扇窗户。我住的公寓也包括了庭院景致，如果王尔德仍然活着，我们放眼望去应该能看到同样的树木，或许还能对着花园围墙隔空交谈⋯⋯

　　在我寻访美术街的年代，我受托为一位美国作家预订了一间旅馆客房，她分享了奥斯卡·王尔德的许多事情。我能够为她预订"王尔德的房间"，在那以后几年过去了，她重返巴黎时，要求我预订同样的三等客房。在离开那一带之前，我见证了阿尔萨斯旅馆的拆毁，并被奢侈的旅馆所取代。这种旅馆对我或我的作家朋友都太昂贵了，更不必说奥斯卡·王尔德了。

奥斯卡·王尔德的致命疾病是什么？作家虽是文学上的权威，但缺乏医学上的任何实践经验，他们却企图在事隔一个世纪之后来诊断王尔德的疾病，自然达不成共识。事实上，最近的一部全传采取了最出格的立场，简单地归因于梅毒致死；首先，这是个很容易作出的猜测，因为王尔德持续不断地更换伴侣，有对出租男孩的偏好，这些男孩接客一个又一个，而王尔德则从城市到乡镇到度假胜地去搜寻他们。但是，如果说这个猜测易于做出，却缺乏证据。作这种猜测，似乎没有办法把因与果联系起来。

事实上，存在许多线索、许多诊察结果以及一些可资证明的言词。看病的医生和奥斯卡·王尔德的一些亲密朋友似乎都赞成梅毒这一诊断，如果真是这样的话，那么，我们今天这个时代的证据评论就否认了所有轻易猜测。须知，这种评论是由医学权威们根据他们的诊断作出的，而其诊断又是立足于患者最后几周所泄露的病象，以及能够看见并报告了的现象。

凭借通信、传记和回忆录，我们至少能够确定王尔德健康衰弱的日期及其连续的阶段。直到他有生最后一年（1900 年）的这个秋初，王尔德的书信都表明了来来往往忙碌的社交生活（诸如邀请海峡彼岸的朋友和崇拜者过来访问）。第一个提示前已提及，即在 7 月的电报中，表明健康状况已不妙了，遂取消对一个急于想见（因他"病危"）的朋友的邀请。第二个提示是，夏末给弗兰克·哈瑞斯的一封短简："我卧床写信——相当痛苦。"10 月 11 日。突然间发给罗伯特·罗斯的这封电报："近日动了手术。速来。"但是，在同一时间，王尔德打电报给弗兰克·哈瑞斯（他本当次日即来巴黎），要他在见任何人之前，先来看他（这大概与他们合作的那个剧本有关）。

另外一封给罗斯的电报是 10 月 12 日发出的，说得很简要："衰竭。乞来。"直到此时，关于王尔德病的性质什么也没有说到，但是，接近他的人迅速颖悟到，他的病与耳朵有关；在做过手术之后，他遭受的病痛与手术之前一样多。

因为王尔德希望弗兰克·哈瑞斯为他在《达温特里夫妇》合著中的作用、哈瑞斯值得援助的方面付一笔另外的付款（且是重大的一笔付款），故而进一步解释他的糟如健康的财务困境。"我不得不承受的手术是个极可怕的手术。给外科医生的费用计 1500 法郎（60 英镑）。靠我的医生（毛瑞斯·图凯，英国使馆的医生）帮忙，这笔费用降低到 750 法郎……我还不得不去付医院男护士的全天护理费用，医生也在房内过夜。再有，我不得不支付每日上门的我自己的医生以及另开房间的旅馆费用；药剂师的账单约 20 英镑……"

这些危急的日子里，他得到了两个真正朋友——罗伯特·罗斯和雷金纳德·图纳的真心照看，这两个人成了王尔德最后时日的可靠见证人。10 月 29 日，即手术后的近 3 个星期时，王尔德坚持第一次出门走走，却是在晚上。罗斯反对，但王尔德不会听从他，并坚持说，医生建议过，他要出门走动。因此，罗斯不得不陪伴他来到拉丁区的一家小咖啡馆，王尔德点了致命的苦艾酒。第二天，他就痛苦得不得了，患上感冒，但是，那位大使馆医生（罗斯觉得此人有点滑稽）却说，王尔德可以再出门走动。11 月 3 日，罗斯见到了每天上门来给他朋友穿衣、包扎伤口的男护士。男护士坦诚地告诉罗斯，王尔德的状况十分严重；除非他改变其生活方式，否则，活不了多久；该护士还补充道，图凯医生似乎还没有理解这种病的严重性。王尔德认识到了严重性，乞求罗斯留下来，但是，罗斯的母亲在地中海海滨等着他。他留下了雷金纳德·图纳负责照料。[①] 不过，还有其他照顾王尔德的人，此人自掏腰包，搭上时间照顾患者的宁静和需要，此人就是阿尔萨斯旅馆的老板让·杜波瑞尔。他让"梅尔莫什先生"的未付账单积累下去，似乎绝无抱怨，还出钱满足患者医嘱的需要和安置生活设备。在死前的这些日子，王尔德的债务额约达 170 英镑，约折合当年的 4250 法郎，合今天的 14000 欧元，王尔德的财务顾问后来指出，大多分债务都是欠杜波瑞尔先生的。[②]

医学进步如斯，在评说王尔德究竟患什么疾病的问题上，看法自然存在明显差距。就是说，在诊察过王尔德的那些人对其情状所理解的东西，与凭今天的器械和方法可能懂得的东西之间存在明显差距；在专家可能懂得了的情况与他可以跟门外汉沟通的情况之间也存在差距（雷金纳德·图纳在其朋友的弥留时间都在床边照看，他说得很简单，王尔德遭害的是"大脑发炎"）。王尔德是耳后骨组织乳状突起物发炎的牺牲品吗？是要除去的息肉发炎的牺牲品吗？是坐牢时摔倒所造成的伤害加

① 前已引用《奥斯卡·王尔德书信全集》，P1198～P1201，P1212～P1213。

② 罗伯特·罗斯致安德拉·舒斯特，前已引用《奥斯卡·王尔德书信全集》，P1226～P1227。

剧的结果吗？诸如此类的想法多多。

而弗兰克·哈瑞斯所记得的情况是："在旺兹沃什监狱里的一个星期天早晨，他因晕眩摔倒造成的一只耳朵作痛的地方已经形成了一个脓肿，是他死亡的决定性原因。"[①]10月10日的手术就是为切除这个肿块。还是在坐牢时，王尔德自己在致宫务大臣（内政部长）请愿书里，就诉苦说，他的右耳几乎完全失聪，而这是由耳膜穿孔造成的脓肿所致。

当然，人们不可能让问题就这样搁着。奥斯卡·王尔德的生活和工作，他的公众风格以及不是如此隐秘的生活，在当年及后续几代人看来都是太显而易见了，以至对他最后一年，他临终前的日子都唤不起好奇心。不过，还是有人企图搞清真相。1959年伦敦皇家外科学会特别会员特伦斯·考索恩发表了一个后现代诊断，这是汇集足够的证据才有可能作出诊断的首个严肃的企图。考索恩博士轻松地摒弃了王尔德死于梅毒的观念，"没有一个人可能说，奥斯卡·王尔德过的是无可指责的生活；但是，例行地纵情于一般人所接受的愉悦，以及放纵于某种一般人不大能接受的不道德生活，并不能关闭其他死因的大门。"他解释道。他给王尔德列出的病案是，患上了慢性耳疾，（如今众所周知）这就可能导致末梢颅间感染。用医学术语说，这种病是慢性化脓性耳炎，这可以解释他同时代人已观察到的一只耳朵失聪。

按这种假设，因虚弱使王尔德摔倒的那起事故显然伤害了

---

① 哈瑞斯著，前已引用《王尔德》，P313。

一只耳朵，只能说明恶化了原先存在的健康状况，"而受伤的耳朵继续出脓，直到约 5 年后腐蚀穿通了耳膜，扩散至脑膜，并可能延及邻近的颞叶。"

还有，在逗留罗马期间，王尔德发那种归因于扇贝的疱疹；另外有人把疱疹归因为梅毒。考索恩博士宁可把发疱疹看做是维生素缺乏引起的变态反应或续发性皮炎，而且是由酗酒造成的。

至于 10 月 10 日在奥斯卡·王尔德旅馆房间里所施行的手术：鉴于这一举措的性质从没有解释过，考索恩博士吁请注意手术带来的开放性创口，致使每天都得换衣服、包扎伤口。这就提示我们，那一天主刀医生所做的就是切除感染部位，造成一个开口，以便将脓泄放。这一手术措施实际上是王尔德的父亲，威廉姆·王尔德发明的，医学界称之为"王尔德切除法"。①

考索恩的论文发表后，又过去了 30 年，另一位医学权威麦克唐纳·奇切利，世界神经医学联合会名誉会长，用心审看了王尔德的病历，就王尔德的死因，讨论了几种说法。他直率地摒弃了梅毒致死说。王尔德患了急性中耳感染。"特别重要的是，要重视这么一点：内耳隔开颅内腔仅靠一块薄而脆弱的骨片……发生问题可能性的平衡很容易偏向末梢脑膜炎，这就是（王尔德的）慢性化脓耳炎的直接结果。"②

---

① 伦敦皇家外科学会特别会员特伦斯·考索恩著，《王尔德最终患的病》，载《皇家医学协会会刊》，1959 年 2 月，52 卷第 2 期，P123～P127。
② 麦克唐纳·奇切利著，《奥斯卡·王尔德最终的疾病》，载《不列颠医疗健康专科全书年报》，1990 年，P191～P207。

第二十四章 严酷的辞别

在他的末日，有如初出道时，奥斯卡·王尔德都能够指靠那些忠心的朋友。罗斯和图纳都生于 1869 年，都比王尔德小 15 岁。这两个人都分享了王尔德的性偏好，但这种比较只能做到这里。因为社会和家庭的原因，这两个朋友没有一个能够跟王尔德的生活作风保持公开，因此，这两者中的每一个跟这位好炫耀的朋友在公开场合都要冒一定的风险（即使两者之中没有一个是王尔德的情人）。

10 月中旬，当他的病情恶化时，罗斯和图纳都赶忙从伦敦过来陪伴奥斯卡。尽管罗斯一直为王尔德管财务，也是康斯坦丝去世前她与王尔德的居间人，但在他离开巴黎去地中海海滨会母亲时，雷金纳德·图纳（概称"佩吉"）就变成了照看人。他也成了王尔德的心腹，这种角色企图支撑王尔德的精神。有一次叫佩吉到床边，王尔德吐露了一个秘密：他做了一个噩梦，一个与死神共进晚餐的梦。佩吉回答道:"我亲爱的奥斯卡,你恐怕又是在座者的中心人物吧。"王尔德对这一幽默报以大笑,尽管听上去,王尔德的快乐是强作出来的。

图纳只能袖手一旁,拭目以待,观察患者衰弱下去。起初,王尔德还能乘马车在布洛涅树林(译注:巴黎红灯区)内转转;后来,王尔德只能绕着卧室走动,后来这种活动方式也难以为继了。

图纳自己掏钱在阿尔萨斯旅馆开了一间房,准备着后事。他给罗斯去了一封短信询问,生而为新教徒的王尔德是否要接受新教牧师,或者天主教教士上门来做祈祷(因为王尔德近来渐渐迷恋上了罗马教会)。王尔德遭罪,图纳不得不干瞪眼,因为医生担心吗啡感染会使他丧命。有一次,王尔德似乎好受了一些,图纳正把一个冰袋按压在他的脑门儿上。过了一会儿,王尔德发出异议了:"你这个亲爱的小小犹太人,你认为还不够吗?"尔后,他继续谈论他的剧本出版,显而易见的是,他的状况已恶劣之极。

11月29日,图纳发了一封电报给罗斯称:"病入膏肓"。还有一封信赶上夜班车,次日可达巴黎。

早先一些时间,王尔德就对一位英国记者谈了他的宗教信念。记者引用王尔德的话说:"我这么多道德上的不端行为要归因于这么一个事实,家父不会允许我变成一名天主教徒。天主教的艺术方面会治疗我的堕落。很久以前我就意欲领受。"此时,罗伯特·罗斯奔向圣·约瑟大教堂,找到了一位爱尔兰牧师,准备主持洗礼和临终领圣油仪式,这个垂死的人似乎能理解所说的话，遂同意领受临终圣油。之后，奥斯卡·王尔德很快就溘然长逝了。

这两位朋友及该旅馆老板和死者花费的慷慨捐助人、富有同情心的杜波瑞尔，就不得不处理遗产管理问题了。确定无疑的是，法律禁止用假名住旅馆。后来，获准葬在巴黎。当局派来的医生拒绝验看死亡证书，宁可假定是一个自杀者或一桩谋杀。最后，花了一笔费用，他才批准下葬。[①]

奥斯卡·王尔德的死并不是未予通告，但是人们几乎不可能说，所有那些听到读到或写到死讯的人都会服丧吊唁。王尔德死于 1900 年 11 月 30 日下午 1 时 50 分；次日，此事就上了《费加罗报》的头版。这则讣闻开篇道："英国小说家、戏剧家奥斯卡·王尔德于昨天在巴黎去世，死于美术街一家小旅馆，登记住宿用的是塞巴斯蒂安·梅尔莫什（原文如此）。生前，他因一桩令人不快的风化案而致声名狼藉，并因此在伦敦受审。"这则讣闻的作者并非没有提及告发王尔德的昆斯伯瑞案，庭审中他"不得不供认犯有伤风化罪"。自从他从监狱释放后，"人们还不断说起他生活上的乌七八糟"。葬礼大概会在次日举行，那会是一个考虑周全的葬礼……

他的译者让·约瑟夫·雷诺从意大利乘火车抵达，在里昂车站买了一份报纸，在乘马车回家的路上阅读。他迅速找到了王尔德住过的旅馆，通报了一个假名。

---

① 温特劳布著，《罗杰》，P102～P109，还可参见前已引用海德著《奥斯卡·王尔德》，P470。

他回忆道："那是一家简陋的旅馆，类似于人们在通俗杂志上的'犯罪渊薮'标题下的那种旅店"，雷诺跟随旅馆员工"沿着一条散发着污秽气息的长廊走过去；尔后，一阵油烟气息、厕所腥臊以及新鲜油漆气息扑面而来"。他发现了一具尸体——没有一个人守灵。鲜花会有，但没有送到。"在经历过如此多的荣耀，如此多的奢华之后，却死在这种污浊的贫民区！"他希望王尔德的末日、他的错乱能够带回他对辉煌岁月、妻子和孩子的回忆……"如果王尔德先生有罪，那这一切全是在赎罪呀！……"①

奥斯卡·王尔德一小批至死不渝的朋友中的另一位，法国青年厄内斯特于11月3日参加了送殡队伍，伴随棺材由美术街去到不大的郊区村庄巴尼厄。罗伯特·罗斯设法获得了当地墓园的临时许可。下葬那天之后不久，该青年就在无畏的《布兰奇杂志》上发表他的悼文。"在安息地附近，一副棺木从颠簸的黑漆灵柩车上搬了下来，13个人在棺木前脱帽致意，两辆出租马车充当殡仪马车，一个月桂花圈，花已衰败，教堂没有葬礼装饰物，也没有敲钟，仅开了侧门，所作的是没有焚香奏乐的小弥撒。尔后，送葬人一个庄严的鞠躬致哀，就像科学家采用的计量方法，连圣日尔曼·德布雷广场（巴黎）的卫队长和三名记者也算进出殡人数中去了。于是，芸芸众生中的一个辞别了尘世，这个希望放大和扩展尘世之梦的人，幻想美梦般的生活如今面临着鸣响的丧钟。这是宽恕，也是奖赏；在一个假斯

---

① 约瑟夫·雷诺著，前已引用《王尔德〈旨趣集〉之序言》，第24节。

文的早晨逃避来世的黎明！"①

该青年在文中并未提一件事，那就是送殡人之中有阿尔弗雷德·道格拉斯（"波茜"）爵士（或许作者没有认出他）。一位爱尔兰教士古什伯特杜雷神父主持了王尔德的安葬仪式，参加了棺边葬礼。葬礼甫毕，让·罗兰就在报纸专栏上比较两个现象。即，在王尔德早年访问巴黎期间，"所有年轻的文学团伙都护卫着他"，一边对他欢呼喝彩；回头看笼罩墓地的一片寂静——"因为我认定，这一回，我们之中没有一个人跟在棺材后面"。②

事实上，还是有不少在巴黎教会服务的法国朋友，以及从外地赶到巴尼厄公墓来的其他朋友参加了送殡 [在前者之中，这位青年看到的有：作家弗雷德里克·布特，诗人雷蒙·德·拉·泰伊勒德，画家阿尔蒙·普安，评论家让·德·米提；在后者之中，有诗人保罗·福特，偶尔为王尔德翻译的亨利·达夫雷以及莱昂纳德·萨尔路易斯（生于荷兰的画家，后入法籍）]。或许，侍立棺边最鲜为人知的是外交官菲立普·伯塞洛特。③ 约有两打花圈，其中一个是王尔德的出版商《法兰西信使》社送的供花。

参加送殡的另一个法国人远非文艺界人士，却是个重要的人物，是奥斯卡·王尔德平生的最后一年不可缺的参加人：他就是阿尔萨斯旅馆老板让·杜波瑞尔。为出席巴尼厄公墓的葬

---

① 厄内斯特著，前已引用《奥斯卡·王尔德》，P595；温特劳布著，前已引用《罗杰》，P109。

② 德·安东尼著，前已引用《让·罗兰》，P752。

③ 亚瑟·马格尼尔著，《亚伯·马格尼尔日记》，巴黎，法兰西信使社，1985年，P372。

礼，他没有送花圈，而是代之以朴素的有小珠花样装饰的纪念碑，上面铭刻了"挽我的房客"，还有一块旅店员工送的类似纪念碑，落款铭刻的是"本店员工"。

当然，对于凄凉的巴尼厄公墓里这场悲惨的葬礼，几乎没有希望将另外两位作家与其联系起来。大约10年之后，安德烈·纪德才准备对那位跨过海峡来的狂热的作家朋友，汇集少量的纪念和论述文字发表。[①] 这也就使得稍后读到或重读这些文章的马塞尔·普鲁斯特有机会表达他对奥斯卡·王尔德的感情，哪怕是在致纪德一封信中以友好口气发出的言论："我发现，你说起王尔德带有一种草草了结的腔调。"他于1922年4月写道："我是很少赞赏他。但是，我不理解谈论一个不幸的人所表现的支支吾吾和粗鲁下作。"[②]

同样，纪德经常思考王尔德，也经常思考生活和命运。后来，在1927年，在传记作家安德烈·莫里斯论王尔德的随笔中，似乎是说，这位爱尔兰作家的行为是他的唯美主义连带发生的东西，这时，纪德在他的日记里摒弃了这一假设。"相反，我认为，他造作的唯美主义只是一种伪装，以便用部分披露的法子来隐瞒他不可能在光天化日之下显露的东西……如同几乎毫无例外的情况，有时候，在这方面没有艺术家觉察到这一点，而正是这一点指挥、鼓励、决定着他人性深处的秘密。"

纪德在其解构中走得更远：王尔德写剧本是为了隐瞒他的

---

① 纪德著，前已引用《纪念奥斯卡·王尔德》。

② 让－依夫·塔迪著，前已引用《马塞尔·普鲁斯特》，第2卷，P449。

信息，即那种预言只给其部分观众的信息。"就我而言，"纪德宣称，"我总是宁要直率坦白。"①

① 安德烈·纪德著，《日记（1889～1939）》，巴黎，七星丛书出版社，P847。

第二十五章　淫荡的纪念碑

　　长期以来，罗伯特·罗斯就是作为自愿的王尔德财务中间人而行事的，因而，他不可避免地被选中为亡友的遗嘱执行人和遗产管理人。王尔德辞世时已是一个破产者。靠遗产管理，也多亏王尔德著作的重新发生的利息，到 1906 年中期，所有英国债权人的钱已全额偿还完毕，而且有盈余还可全额（按王尔德遗愿）偿清法国债权人的债务。1908 年 12 月 1 日借伦敦莱兹酒店举办祝贺他的宴会，讲话中，罗斯披露了这些细节。在答谢中，罗斯感谢了许多帮助过他的人。在讲话结束时，他还感谢了"某位怯懦的慷慨人士，于几天前匿名给我寄来了 2000 英镑，要在拉雪兹神父公墓为奥斯卡·王尔德立一块相称的纪念碑（安葬王尔德遗体的巴黎墓地是在次年由巴尼厄公墓移转的）。

"对这一赠品的条件我肯定没有任何异议，"罗斯继续说道，"这个条件是，纪念碑应该由才气焕发的青年雕塑家雅各布·爱泼斯坦先生来打造……"①

　　爱泼斯坦所回忆的是：当时他并不知道那个祝贺罗伯特·罗斯的宴会，也不知道宴会上泄露的什么消息。第二天朋友们跑来祝贺他时，他还认为是戏弄他。但那天之后，这个传言就被肯定了，于是他猜想消息保密的原因是，其他雕塑家也觉察到了这项委托，并希望得到这个项目，因此，胆小怕事的罗斯宴会后保守这个秘密，以免遭到他的竞争对手的攻击。

　　生于纽约的爱泼斯坦当时刚定居英国两年（英国已成了他的祖国，并于1954年受封爵士头衔）。他师从王尔德喜爱的罗丹，在巴黎学习雕塑，尽管时年仅28岁，近来却为英国医学协会完成了18尊纪念碑人物的系列雕像。他后来坦陈，花了一些时间开始奥斯卡·王尔德墓碑的准备工作，而做过之后却发现，草图令他不满意，尽管这些草图意味着是"完满的"作品。最后，他找到了正确的主题。他旅行去了德拜郡的采石场，找到一块刚开采下来的巨石，场方原准备要切割成薄片作墙体壁饰用的。他要下了这块重达两吨的整块石头，并请人将它运到了他的伦敦工作室。

　　半个世纪后，回忆起下一步工作：他立即着手工作，并在接下来的9个月都在从事这个项目。他从雕刻他称之为"以面

---

① M. 罗斯著，前已引用《罗伯特·罗斯，朋友们的朋友》，P153～P157。

部直径计的飞行魔鬼与天使像"开始，这是"一件象征性作品，简朴与华美相结合的装饰，无疑受到了古代雕塑的影响"。尽管他没有强调这种类似性，我们可以把它看做是复活了的斯芬克司狮身人面像。在爱泼斯坦这方面，他能够自豪地说，这件作品是直接雕刻的结果（而不是用劈凿材料的边缘或表面而使之成形的雕塑法），他还因制作如此大尺寸的作品而心怀喜悦。雕像完成后，他开放自己的工作室供人参观，其中包括新闻界。①"本世纪，我们很少有可能见到如此高贵的纪念碑雕塑作品。"伦敦的《晚邮报》和《圣詹姆斯报》的一位艺术评论家写道。他解释作品主题是"一个被不可抗力驱策而飞腾的人物"。②

但是，这仅仅是第一步。当这块巨石在巴黎拉雪兹神父公墓立好时（爱泼斯坦指出，巨石是一块墓碑，而不仅仅是一块君临坟墓的纪念碑），这位雕刻家现在要给碑石添上完工的加笔。尔后的一个早晨，到达墓地时，他发现这块墓碑已被一块大帆布覆盖住了。一名站在墓碑旁的法国警察通知爱泼斯坦，这件作品遭禁了，不允许他对墓碑进一步加工。

但是，这个雕塑家决定待在附近。警察终于离开了，他重新开始工作。这个警察重新露面了，"严肃地"摇摇头，重新用帆布把墓碑盖上。从那时起，他就不间断地站在那里监视。几天后，爱泼斯坦由一批法国艺术家陪同又回来了，但是，当他撤去帆布展示其作品时，警察重又出现了。

---

① 雅各布·爱泼斯坦爵士著，《爱泼斯坦自传》，伦敦，赫尔顿出版社，1955 年，P51～P52。
② 1912 年 6 月 3 日刊。

当然，惹起麻烦的原因是，这位雕塑家为其半魔鬼半天使的塑像装配了一个男性生殖器。胆小怕事的罗伯特·罗斯通知爱泼斯坦，这个作品被认为下流（爱泼斯坦在其回忆录里是如此记载的），因而罗斯希望他"修改修改"。爱泼斯坦说，他不能够作任何修改，要不然就意味着他承认了制作过下流作品。拉雪兹神父公墓的主管吩咐，将那个有悖习俗的隆起物涂抹砂浆遮盖住；后来，罗斯请人用青铜浇铸了一块像是无花果叶片似的铜片来"遮羞"，这也与爱泼斯坦的雕塑风格相宜。一批抗议的艺术家和作家很快上演了一场突袭，撤除了这片无花果叶。但是，这块纪念碑重又被遮盖上了，并继续保持遮盖状态。①

这是一场古代文明人与现代人的交战。用无花果叶片遮掩这个魔鬼羞处的决定，并不是由拉雪兹神父公墓的行政管理人员而是由艺术学院作出的。② 一个偏重时事的文化期刊《闲逸》（Comoedia）贡献了它的意见，可以肯定，这也与因表达自由而重整旗鼓的一批作家、知识分子及艺术家有关。在《闲逸》1912年10月9日的这一期上有篇文章评论了这一局面，读者对象一是可能没有跟踪奥斯卡·王尔德故事的人；二是并不知道这个坟墓以外尘世治安的人。在由巴尼厄他的墓地（实际上已盖满了鲜花）迁出后，他的遗骸被迁到"拉雪兹神父公墓，一块空白碑石被铁链环绕"。遂成了对他的最终羞辱……《闲逸》的记者希望知道，该公墓的主管没有见过裸体男人吗？那他应

① 爱泼斯坦著，前已引用《爱泼斯坦自传》，P54。
② 琼·罗斯著，《魔鬼与天使：雅各布·爱泼斯坦生平》，伦敦，康斯达尔出版社，2002年，P71～P72。

该走进卢森堡公园博物馆，看看那里的雕像。

然而，这个禁令仍然不会解除。这位记者却收到了这个雕塑家的一封感谢信，此时，后者出差正在航行南非。"我让它留给像您本人这样的法国人，"爱泼斯坦写道，"去捍卫我的作品和安息其后的一个伟大人物的长眠。"但是，无数的抗议会撼动有权势者的决心。在下一年期间这座雕像仍然是不可接近的，直到1914年8月，第一次大战爆发。一战结束之前，罗伯特·罗斯去世了，享年49岁，他在其遗嘱里要求，他的骨灰要埋在拉雪兹神父公墓王尔德的墓穴里。罗斯的至亲们并没有实现他的要求，直到1950年才由其传记作家马杰瑞·罗斯予以实现（就某种意义上说，罗斯对此空间享有权利，因为这块地皮是属于他的）。①

如今，我们能够看到这位雕塑家所设计的坟墓，换句话说，法兰西已经能够像保护在世时的奥斯卡·王尔德那样，保护长眠后的他。

摘自王尔德《里丁监狱歌谣》的几行诗句似乎专属于这种情况。墓碑上可发现这几行诗句：

> 异邦人的泪水将注满——
>
> 怜悯泪水所渴望的残破骨灰瓮；
>
> 因为死者的送葬人也将成天涯沦落人，
>
> 弃离者永远都在哀悼悲吟。

---

① M. 罗斯著，前已引用《罗伯特·罗斯，朋友们的朋友》，P12。

后记　"女奥斯卡"

在访问巴黎的头几天，我得以认识了一个单身奇女子娜塔莉·克里夫特·巴尔尼。她是一位美国铁路巨子的女儿，在20世纪初就离开家人定居巴黎。她住在雅各布街一栋庭院遮掩的小房子里，房子还加接了一个私家花园，花园里有一个得古希腊人灵感的更为秘密的"友谊神殿"。巴尔尼小姐的生活方式真够奇特的：她有一个女人圈子不离左右，这些女人都是爱其他女人的人，其中多数是作家、艺术家；这个圈子的一个男性成员雷米·德·戈蒙特高呼娜塔莉·巴尔尼为"作家中的女勇士"。

有一天，巴尔尼小姐递给我一本小书，是她以《奥斯卡莉娅》为书名出版的。该书实为一本巴尔尼小姐和一些朋友撰写的文选集，为纪念多罗茜·叶尔内·王尔德——奥斯卡·王尔德的侄女（她是王尔德的兄弟威利的女儿）。"奥斯卡莉娅"

（实际上都被朋友们称作"多丽"），其外貌和行为堪称其伯父的翻版。用巴尔尼的话来说，多丽是为爱情而生的，是"半阴阳合体半女神"式的人。"不说比较成年人的臀部和成熟女人的肩膀，她的手臂就有一种懒洋洋的魅力，往手腕方向渐渐细下去，显得如此妙不可言，以至于这个奇人的其他部位都显得不那样富有表情。"她在法国的经历，起初是当救护车志愿者司机；后来，她和娜塔莉·巴尔尼彼此有了感觉。"对做爱，多丽没有一点清教徒的非难。"娜塔莉回忆道；她发现了"很多未被看重的"性经验。

这个问题就是，做爱后会有一种"感觉迟钝的时刻，"而多丽不得不填补这段乏味时间；她靠"在人造天堂（亦即毒品）危险的纵欲"来做到这一点。这样一来，她拿性命去享用人工天堂的赠品，遂以毁灭生命而了结。（"人人都毁灭他所爱的东西。"娜塔莉·巴尔尼引用《里丁监狱歌谣》的最后一节的诗句。）多丽于二战之初返回英国，因患不治之症而死在那里。

令人觉得可乐的是，巴尔尼圈子里如此多的女人都看出了"奥斯卡莉娅"与奥斯卡的相似性——尽管在这些女人中的任何一个认识王尔德的侄女之前，奥斯卡·王尔德早已去世且被埋葬了20多年。而且，不仅仅是女人作了这种确认。娜塔莉·巴尔尼回想起了，当小说家 H. G. 威尔斯来巴黎出席一个大会时，他被介绍给多丽·王尔德，竟朗声感叹道："终于见到了女王尔德，多么令人激动啊！"

简内特·弗兰内是巴尔尼圈子里的一个美籍成员，多年担任《纽约时报杂志》驻巴黎通讯记者。发现多丽·王尔德如何真正认识他那著名而凄惨的叔叔，实在令简内特·弗兰内惊讶不已。关于1922年拉雪兹神父公墓里爱泼斯坦墓碑作品所发生的事，正是简内特·弗兰内告诉多丽的（恰好是撤除无花果叶片事件之后10年）。来自公墓附近的一些公立中学、大学预科的学生半夜翻过公墓围墙被抓住了，他们是来切除塑像上的生殖器的（显然是在无花果叶片撤除之后的事）。这一事件被法国报刊广为报道，事后一些时间简内特·弗兰内去参观这个地点时，发现已有保安在旁看守了。多丽·王尔德对这个故事心醉神迷，对其神秘性尤其欣赏——因为这种行为没有合于情理的解释。

弗兰内小姐描述的多丽，"影影绰绰"像奥斯卡·王尔德——"除了她长得俊秀"。这本文选的另一位投稿人指出："身体上她相当像她的叔叔王尔德，同样的椭圆形脸庞……同样的一头黑发，同样长长的柔若无骨的一双白嫩的手。"社交界名流贝汀娜·伯杰瑞是娜塔莉·巴尔尼的朋友，却不是后者圈子里的一员。她说到多丽："她的脸活脱脱就是奥布雷·比亚兹莱（译注：1872～1898。英国天才画家，曾为《莎乐美》作插图）所画的奥斯卡·王尔德素描像。"[①]

---

① 《回忆多罗茜·叶尔内·王尔德——"奥斯卡莉娅"》，巴黎，私人刊印，1951年。

（京权）图字：01-2011-8001
图书在版编目（CIP）数据

王尔德在巴黎／（美）洛特曼著；谢迎芳译，
—北京：作家出版社，2011.12
　ISBN 978-7-5063-6298-6

Ⅰ.①王… Ⅱ.①洛…②谢… Ⅲ.①王尔德，O.W.（1854～1900）
—传记 Ⅳ.①K835.615.6

中国版本图书馆CIP数据核字（2012）第026519号

Oscar Wilde à Paris de H.LOTTMAN
© Librairie Arthème Fayard, 2007
All rights reserved

 策划：猎文文化发展有限公司

王尔德在巴黎

作者：（美）赫伯特·洛特曼
译者：谢迎芳
责任编辑：冯京丽　邢宝丹
封面设计：视觉共振设计工作室
出版发行：作家出版社
社址：北京农展馆南里10号　　邮编：100125
电话传真：86-10-65930756（出版发行部）
　　　　　86-10-65004079（总编室）
　　　　　86-10-65015116（邮购部）
E-mail: zuojia@zuojia.net.cn
http://www.haozuojia.com（作家在线）
印刷：紫恒印装有限公司
成品尺寸：140×205
字数：140千
印张：7
版次：2011年12月第1版
印次：2011年12月第1次印刷
ISBN 978-7-5063-6298-6
定价：25.00元